Belief : 원하는 것을 모두 이루는 비밀

Belief : 원하는 것을 모두 이루는 비밀

초 판 1쇄 2022년 10월 26일

지은이 권미래
펴낸이 류종렬

펴낸곳 미다스북스
총괄실장 명상완
책임편집 이다경
책임진행 김가영, 신은서, 임종익, 박유진

등록 2001년 3월 21일 제2001-000040호
주소 서울시 마포구 양화로 133 서교타워 711호
전화 02) 322-7802~3
팩스 02) 6007-1845
블로그 http://blog.naver.com/midasbooks
전자주소 midasbooks@hanmail.net
페이스북 https://www.facebook.com/midasbooks425
인스타그램 https://www.instagram/midasbooks

ⓒ 권미래, 미다스북스 2022, *Printed in Korea*.

ISBN 979-11-6910-085-4 03190

값 20,000원

믿음 Belief

원하는 것을 모두 이루는 비밀

권미래 지음

미다스북스

행복이 가득한 기적 같은 삶의 시작

우리는 지금 멈추지 않는다면 5년 후에 지금과는 완전히 다른 인생을 살 수 있습니다. 하루에 1%씩만 성장한다고 생각해보면 좋겠습니다. 시간의 흐름에 따라 성장도 거듭됩니다. 100일 후면 100%보다 훨씬 더 많이 성장해 있을 것입니다. "무엇이든 크게 변화하려고 하기보다, 작지만 꾸준히 변화하려고 하세요." 켈리 최 회장이 수시로 하는 말입니다.

꿈을 이루기 위해 지금 당장 할 수 있는 가장 쉬운 일은 무엇일까요? 어깨를 펴고 당당하게 걷기, 긍정적으로 생각하기, 책의 좋은 구절 필사하기, 오늘의 감사한 일 5가지 쓰기, 하루 10분 동안 시각화와 명상하기, 가족들에게 사랑 담긴 메시지와 안부 전화하기, 하루에 산책 30분 이상

하면서 사색하기, 사람들을 도와주는 행동이나 선한 일하기, 길에 버려진 쓰레기 줍기 등 엄청나게 많습니다. 성장은 꿈이고, 꿈이 곧 행복이기에 성장은 곧 행복입니다. 어제보다 오늘 더 1%라도 성장했다면 성공으로 나아가는 삶입니다. 우리의 인생은 폭풍우 속에서도 춤을 출 수 있는 법을 배우는 것입니다. 나는 매 순간이 목표로 향하는 삶의 여정이라고 생각하며 살아갑니다. 여행을 하듯 지금 이 순간을 즐기려 노력 중이기도 합니다. 정말 행복한 사람은 과거도 미래도 아닌 현재를 충실하게 사는 것 같습니다. 나는 지금 있는 그대로의 나를 사랑하며 감사하기로 했습니다. 지금까지 성공자들에게 배운 그대로, 그리고 내가 실천하며 겪어온 경험들을 토대로 지금의 내 모습에 감사하면 미래의 나는 더 찬란하고 밝게 빛나리라는 것을 알기 때문입니다.

우리 모두는 아직 다듬어지지 않은 원석입니다. 행복이 가득한 기적 같은 삶의 시작은 매일 감사하며, 나의 내면을 아름답게 가꾸는 것에서 비롯됩니다. 다이아몬드로 거듭나는 그날까지 매일의 감사함을 잊지 않고 실천해보시기 바랍니다. 오늘보다 내일 더 빛날 당신의 미래를 축복합니다.

권미래

목 차

PART 1
실패한 자리에서 성공은 시작된다

PART 2

원하는 것을 모두 이루는 7가지 비밀

PART 3

흔들리지 않는 마음을 키우는 법

PART 4

당신의 꿈을 이룰 새로운 출발

PART 1

실패한 자리에서 성공은 시작된다

1억 2천만 원의 빚과 함께 우울증에 빠지다

시련은 또 다른 나를 만나는 시간.
결국 당신은 이길 것이다.

- 나폴레온 힐

직장에 입사하기 전 렌터카 관련 계약이 체결되었고, 근무하는 도중에 사기로 인한 사건이 발생되었다. 내 인생 최대 우울증에 빠졌던 시기이다.

2017년경 소파업체 사장 언니의 소개로 렌터카 대표 양 모씨를 소개받았다. 언니가 알선 역할을 하고 그들을 내게 소개하며 돈을 편취할 목적으로 접근했다. 허나 그 당시에는 사기일 것이라고 꿈에도 생각하지 못했다. 나는 간간히 언니의 소파업체 일을 도와주고 있었다. 언니의 지인들이 렌터카 관련 사람들과 계약을 체결하는 문서를 내가 직접 받으러 갔기 때문이다. 그래서 더 신뢰가 갔는지도 모른다.

당시 내용은 외제차 두 대를 내 명의로 뽑은 후, 차 두 대를 렌트로 운영하면 고수익의 돈을 벌 수 있다는 이론이었다. 언니는 내게 같이 해보자며 제안을 했다. 렌터카 대표는 렌트를 해서 돈을 벌어 내 차량 2대의 할부금을 갚아주겠다며 3년간 책임을 지겠다는 공증까지 작성했다. 처음 1년은 아무런 문제없이 돈이 꼬박꼬박 입금되는 것을 보며 크게 걱정하지 않았다. 가까운 나의 지인 C언니도 내가 차를 렌트로 운영하고 있는 중이라고 말하자, 본인도 하겠다고 했다. 벤츠는 내가 종종 타고 다녔기에 언니도 믿었던 것 같다. 그때까지만 해도 아무 문제가 없었기에 나도 모든 것이 순조롭다고 철석같이 믿고 있었다.

그러나 1년이 지나자, 렌터카 운영수익이 나오지 않는다며 양 대표는 내게 2천만 원을 더 요구했다. 2천만 원을 올려 더 좋은 차로 바꾸자는 조건이었다. 지금 운영 중인 아우디 차량이 렌트가 잘 안 된다는 말을 하면서 본인들도 힘들다는 것이었다.

가뜩이나 지금 진 빚이 1억 2천만 원이나 되었다. 거기서 2천만 원을 더 빚진다고 생각하니 가슴이 답답하고 머리가 새하얘졌다. 내 생애 처음으로 진 빚이었다. 나는 신용카드 한 장 만들어본 적 없었고, 체크카드 한도 내에서 사는 것에 익숙한 사람이었다. 돈이 없으면 무리해서 무언가를 사는 사람이 못 되었던 것이다. 내가 그렇게는 못하겠다고 하자, 양 대표는 계약을 파기해야겠다고 했다. 3년간의 약속에 대해 책임을 질 것을 요구했으나 돌아오는 대답은 절망스럽기 짝이 없었다.

"내 재산 와이프 앞으로 다 되어 있어요. 어디 민사로 하든 법적으로 하든 하고 싶은 대로 해봐요. 나한테서 돈 받을 방법 없을 테니까."

하늘도 무심하셨다. 나는 그제야 현실을 직시했다. 망치로 머리를 얻어맞은 기분이었다. 실제 뽑은 차량인 아우디 S7과 벤츠 C 클라스 차량은 렌터카 대표가 헐값에 사서 큰 이득을 챙긴 후에 다시 팔아넘겼다. 나중에 사기라는 것을 알게 된 후 중고차 매매상사에 가서 가격을 직접 알아봤다. 아우디 차량가액은 실제 3,000만 원에 산 후 7,920만 원이라 속여서 팔았고, 벤츠 차량은 2,000만 원에 사서 4,750만 원에 팔았다. 나는 중고차 캐피탈을 끼고 대출을 받았기에 차량에 대한 빚은 고스란히 내 앞으로 남아 있었다.

나의 소개로 인해 나보다 더 큰 빚을 진 C언니에게도 너무 미안했다. 그럼에도 불구하고, 언니는 내가 더 힘들까 봐 힘든 내색을 하지 않았다. 오히려 웃으며 나를 격려해주는 모습에 나는 가슴이 무너져 내렸다. 언니와 전화를 끊고 나서 마음이 아파 하염없이 운 적도 있었다. 죄책감에 시달려 잠을 못 자는 날도 부지기수였다. 강남경찰서를 몇 번이나 찾아가고, 아는 지인을 총 동원해서 방법을 찾아다녔다. 이 일을 해결하기 위해 변호사와 법무사를 몇 명을 찾아갔는지 셀 수조차 없다.

그러나 이미 그들은 빠져나갈 구멍을 다 만들어놓고 시작한 일이었다. 내가 경찰에 사기로 고소장을 접수하고 난 후에도 양 대표는 내게 연락을 취해왔다.

"당신 같은 사람 수십 명을 상대했어. 나는 돈 얼마를 주고 변호사를 써서라도 빠져 나갈 수 있어. 내가 세상이 얼마나 무서운지 보여줄게. 자비란 없을 거야."

이런 문자를 보내며 오히려 뻔뻔하게 행동했다. 내가 계약을 유지하자고 말했을 때에도 내게 협박을 일삼았던 그였다.

"타이어 펑크 내서 사고 나게 해줘? 타이어 진짜 다 박살 내버릴까 보다. X발."

입에 담지 못할 막말도 내뱉었다. 그 말을 듣는 순간 나는 더 이상 참을 수가 없었다. 내 손으로 모든 것을 끊어야겠다고 다짐했다. 돈이야 얼마가 됐든 이런 사람과 비즈니스랍시고 무언가를 하려 했던 내 자신이 바보처럼 느껴졌다.

나와 같은 피해자가 더 없기를 바라는 마음에서 경찰서에 고소장을 접수했다. 결국 내가 원하는 결과는 나오지 않았다. 그러나 차로 인해 얽힌 모든 관계를 끊어내고 나니 오히려 속이 편해졌다.

돈은 다시 벌면 되지만, 사람으로 인해 받은 상처는 아물기까지 시간이 걸린다. 사람을 너무 믿고, 내 욕심으로 인해 벌어진 일이었다. 나는 미래로 가야 하는 사람이기에, 모든 과거를 청산했다. 그들과의 인연을 지금까지 이어왔다면, 내 인생이 황폐해졌을 거란 생각에 치가 떨린다. 오히려 시간을 번 것에 대한 대가를 지불했다고 여기고 있다. 수업료 치고는 너무 비싼 금액이지만, 나는 3년 만에 모든 빚을 청산할 수 있었다. 내 상처는 조금씩 아물어가고 있고, 결국에는 시간이 약이다. 이 사건으로 인해 수많은 밤을 아파하며 가슴을 쳤지만 그래봐야 아픈 건 내 마음이다. 훌훌 털고 빨리 일어나면 다시 꽃길을 걸을 수 있다.

세상에 있는 모든 것이 기회다. 시련은 '변형된 축복'이라고 한다. 변형된 축복 속에 숨겨져 있는 보석을 찾아가는 것이 우리네 인생이다. 우리에게는 과거보다 특별하게 살아야 할 권리가 있다. 과거를 버려야 미래로 갈 수 있다. 미래로 향해 나가자.

02

어제와는 분명 다르게 생각하라

어제와는 분명 다르게 생각하라.
변화가 필요하기 전에 변하라.

– 잭 웰치

이케다 지에 저자의 『매일 아침 1시간이 나를 바꾼다』에는 나에게 가장
중요한 일을 목록으로 우선순위를 정하는 방법이 자세하게 나와 있다.
집중해야 하는 일에 효율적으로 에너지를 쏟으면, 넉넉한 수면시간을 확
보할 수 있다. 할 일은 다음과 같이 나누고 4기지 색 볼펜으로 구분한다.

1. 긴급하지 않음 * 중요함 : 씨앗심기인 빨강색

2. 긴급함 * 중요함 : 수확하기인 초록색

3. 긴급함 * 중요하지 않음 : 솎아내기인 파랑색

4. 긴급하지 않음 * 중요하지 않음 : 묻어두기인 검정색

색상 분류는 자신의 인생에서 가장 중요한 것을 매일 자문해보는 작업이다. 할 일을 정확히 구분함으로써 예정된 할 일이 어느 분류에 속하는지 한눈에 알 수 있어 유용하다. 우선은 하고 싶은 일, 해야 할 일의 구분 없이 오늘 진행할 일을 모두 끄집어내본다. 일단은 사고의 흐름이 끊기지 않게 모두 적어본다. 이어서 '오늘의 할 일 4가지' 식으로 분류해본다. 익숙해질 때까지는 하루의 할 일을 모두 검은색으로 쓰고, 색상별로 밑줄을 그어보거나, 동그라미를 치거나, 펠트펜으로 표시하여 구분해본다. 우선순위를 정하는 것이 포인트다.

"늘 하고자 했던 일을 할 시간이 더 이상 없다는 사실을 깨닫는 날이 언젠가는 올 것이다. 그 날을 기다릴지, 아니면 오늘을 시작하는 날로 삼을지는 우리의 선택이다."『연금술사』의 저자, 파블로 코엘료는 이렇게 말했다. 완벽하려 하기 전에, 우리는 먼저 시작해야 한다. 완벽하기보다는 완수가 먼저다. 사람들은 완벽하려 하기 때문에 시도조차 해보지 않고 포기하는 일이 많다. 어떤 일에 앞서 해보지 않으면 그것이 나와 맞는지 안 맞는지 알 수 없다. 외형적으로는 아주 잘 맞을 것이라 생각했던

일도 막상 해보면 나와 맞지 않는 경우도 더러 있으며, 기대하지 않았던 일에서 오히려 실력을 발휘하는 경우도 생긴다.

나 또한 이 구절을 읽으며 바로 일상의 우선순위 목록을 점검해보았다. 대체로 일상이 즉흥적으로 흘러가는 경우가 많았는데, 우선순위는 내 기분 위주로 적용되었다. 그러다 보니 정작 먼저 처리해야 하는 일을 마감기한이 임박하여 급하게 처리하는 경우가 많이 생겼다.

편하고 익숙한 환경에서는 발전이 없다고 했던가? 나는 자주 불편함을 느꼈고, 무언가 변화를 해야 할 때라는 것을 직감적으로 알 수 있었다. 내게는 중요한 일 목록 우선순위 점검이 절실하게 필요했다. 즉흥적인 사람들 중에서 실행력이 뛰어난 사람이 많다는 것은 꽤 뛰어난 장점이지만, 계속 즉흥을 발휘하다가는 시간의 효율적 측면에서 나처럼 한계를 느끼고 말 것이다. 가장 중요한 목록 1번인 '긴급하지 않으면서도 중요한 것'은 무엇일까? 나에게는 주 2-3회 운동과 매일 아침 1꼭지 집필, 매일 1시간 이상 독서이다. 여러분에게는 가장 중요한 목록 1번이 무엇인가? 많은 사람들이 지금 여러분이 하는 '일'을 떠올릴 것이지만, 내면 깊숙이 들여다보면 가슴 뛰는 무언가가 있을 것이다. 그 무언가를 찾아 여러분 인생에서 일보다 더 중요한 여러분의 꿈을 찾아내야 한다. 꿈이 있는 사람과 꿈이 없는 사람은 인생 자체의 농도와 깊이가 다르다. 나는 혼자서 우선순위 목록을 점검하는 일로도 부족함을 느껴, '플래닝' 자격증 교육을 이수하기에 이르렀다. 초등학생들을 가르치는 일을 하고 있던 중에, 때마침 회사에서 운영하는 플래닝 교육이 있었기 때문이다. 학생들을 가르치면서 아이들의 공부 습관과 패턴, 공부 계획을 함께 짜주는 과정이다. 이러한 시스템이 우리 독자들에게도 많은 도움이 될 것 같아서 내가 배운 내용을 토대로 쉽게 설명해주고자 한다.

일단 공부 습관과 공부 계획을 짜기에 앞서 중요한 것은 아이들의 마음이다. '청소년 마음코칭'에 대한 강연을 들은 적이 있다. 내가 소속되어 있는 회사에서는 티칭(teaching)보다 코칭(coaching)을 중요시했다. 코칭의 장점은 영적인 창의성과 고유성을 중요시하므로, 개개인을 영적인 존재로 대우하는 것이다. 삶의 기쁨을 알게 해주고, 마치 천사가 아이를 안았을 때처럼 안정감을 느끼게 해주는 것이다. 포용적 인재로서 무한창의성을 열어주고, 우리 모두는 각자 고유한 사람이라는 것을 인지시키는 작업이라 할 수 있다.

보통의 사람들은 불안을 해소하는 것에 우리 에너지의 90%를 사용한다. 그것은 바로 안전의 욕구 때문인데, 안전하고자 하는 욕구가 때로는 불안의 촉매제가 되기도 하는 것이다. 우리 아이들이 무엇을 믿고 무엇을 상상하는지가 가장 중요하다. 내가 수십여 명의 학생들을 코칭해본 결과,

많은 학부모님들은 아이들의 마음을 돌보기는커녕 항상 성적에만 혈안이 되어 있었다. 100%를 우리가 원하는 일에 다 사용하기 위해서는 내면을 먼저 들여다보는 것이 중요하다. 즉, 마음이 가장 우선이다. 아이들에게도 마음 챙김과 사랑의 에너지가 가득한 명상을 가르쳐주기 시작했더니, 학습 의욕도 고취될뿐더러 집중력이 더 향상되는 결과를 맞이했다. 명상은 내 안의 창조적인 영감을 만나서 에너지 상태를 바꾸는 작업이다.

보통 50분간 수업을 진행하지만, 1시간 30분을 수업하는 학생들의 경우에는 보통 1시간이 넘어가면 집중력이 흐트러지기 마련이다. 그럴 때 5분에서 10분 사이로 짧게 명상 음악과 함께 시각화 영상을 틀어주면 이내 다시 집중을 잘하게 된다. 나는 주로 유튜브에서 〈채환의 귓전 명상〉 채널과 〈인생닥터〉 채널 그리고 켈리 최 회장님의 〈블랙홀 시각화〉 영상을 자주 시청한다. 매일 아침, 저녁 그리고 내가 피곤할 때나 집중력이 떨어질 때 시청하게 되면 놀랍도록 에너지와 기가 상승하는 효과를 볼 수 있다. 명상이 많은 성공자들과 세계적인 대가들의 필수 성공요건이라는 것은 아무리 강조해도 지나치지 않다. 명상은 내가 원하는 주제로 초점을 맞출 수 있는 의식화 과정이라 할 수 있다. 뇌신피질을 활성화해주고, 뉴런을 생성한다. 또한 명상을 하며 기분 좋은 미래의 일을 상상하게 되면 중뇌가 활성화된다. 뉴런이 호르몬을 만들어내기 때문이다.

우리는 감정까지 스스로 창조할 수 있다. 론다 번이 『시크릿』에서 "나의 생각이 나의 현실을 창조한다."라고 강조하는 것도 그 때문이다. 우리는 생각을 자유자재로 바꿀 수 있으며, 새로 창조해낼 수도 있는 놀라운 존재다. 눈에 보이는 나와 눈에 보이지 않는 나 사이에서 삶의 궁극적인 목적을 생각하게 한다. 우리는 진실로 스스로에게 질문해볼 필요가 있다. 나 자신이 누구인가? 내가 지금 무엇을 하고 있는가? 매 순간 나는 내 삶의 주인으로 살고 있는가? 살아 있음을 증명하는 것 또한 내가 살아가는 이유이며 목적이다. 우리 모두는 살아 있는 그 자체로 인정받을 수 있도록 매 순간 노력해야 한다. 아래는 내가 명상을 시작하던 초창기에 많이 들으며 따라 읽었던 확언이다. 많은 독자 여러분에게도 도움이 되길 바라는 마음에서 이 책에 실어본다. 정확한 발음과 큰 목소리로 따라 읽으면 더 오래 기억에 남는다.

　－ 나는 이제까지 간절히 바라왔던 성공을 이루었다.
　－ 나는 멋있는 성공을 이루어낸 나 자신이 자랑스럽다.
　－ 나는 과감한 결단력과 실행력으로 모든 것을 성공시켰다.
　－ 모든 사람들이 나의 성공을 진심으로 축하해준다.
　－ 나는 나의 성공을 완벽하게 끌어당겼다.
　－ 돈, 직업, 사람, 사업 모든 것에서의 성공을 이루었다.

- 우리의 믿음이 우리의 인생 전체를 만드는 것이다.

- 내 기분이 좋을 때, 내가 믿는 모든 것이 이루어졌다.

- 믿을 수 없을 만한 일을 믿고 도전하자, 성공을 이루었다.

- 우리 자신이 곧 우리가 볼 수 있는 유일한 것이다.

- 밖에서 듣고 싶은 말을 나의 내면에서 들어야 한다.

- 우리가 원하는 모든 것은 지금 현재 이 순간에 있다.

- 아이처럼 믿는 척하라! 원하는 게 이미 있는 척하라!

- 믿음이 당신의 삶에서 가장 큰 힘이다.

- 감사하면 좋은 일이 온다! 몸에 밸 때까지 감사하라!

- 나 자신이 기적이다. 구하면 반드시 이뤄진다고 믿는다.

- 나는 꿈을 찾아가는 여정이 즐겁고 재미있다.

- 우리가 생각하고 느끼는 모든 것이 미래를 결정한다.

- 가장 많이 생각하고 집중하는 대상이 삶에 나타날 것이다.

- 나는 나의 행복을 직접 만들어간다. 내가 행복, 그 자체이다.

- 나는 오늘도 무한한 기쁨과 풍요로운 감사를 선택했다.

- 나의 기분이 인생의 모든 행운을 결정한다.

- 감사하는 마음 덕분에 평화와 사랑의 감정이 싹튼다.

- 나의 꿈을 끌어당기고 행복하기 위해 늘 감사한다.

03

인생을 바꾸는 습관의 차이

지속해서 읽으세요.
책을 읽는다는 것은 가장 멋있는 모험 중 하나입니다.

– 오프라 윈프리

오프라 윈프리, 버락 오바마, 도널드 트럼프, 스티브 잡스, 빌 게이츠 등 많은 미국의 성공한 거인들이 공통적으로 가진 습관은 무엇일까? 바로 '독서하는 습관'이다. 이들은 누가 시키지 않아도, 자발적으로 독서를 선택한다. 왜냐하면 그들은 책 읽기를 통해 더 높은 곳으로 갈 수 있는 능력이 길러진다는 것을 스스로 알기 때문이다. 우리에게는 꾸준한 독서를 통해 더 좋은 방향으로 향할 수 있는 지혜가 있다. 독서를 통해 창의력과 상상력을 기르면 '명상'을 하기도 보다 수월해진다. 위대한 성공자들이 아침에 매일 하는 것이 이 '명상'이다. 또 다른 이름으로는 '시각화'라고도 할 수 있는데, 내가 원하는 모습을 상상하는 것이다. 이 명상과 시각화를 통해 원하는 것이 나에게 올 것이라 간절히 구하고 믿으면 이루어진다. 어떻게 상상만으로 그렇게 될 수 있냐고? 도대체 말이 되느냐고? 구체적인 방법은 다른 장에서 다루겠다.

　아래 도표는 "인생을 바꾸는 습관의 차이"가 무엇에서 비롯된 것인지 한눈에 확인이 가능하게 해준다. 독서와 평생 교육, 구체적인 목표 수립, 운동, 봉사활동 등 거인이 되기 위한 과정을 보기 쉽게 나열해두었다. 이런 사소한 습관으로 인해 부자와 가난한 자, 두 부류로 나눠진다.

　『부자 되는 습관』의 저자, 토마스 C. 콜리가 223명의 부자들과 128명의 가난한 사람들을 대상으로 그들의 생활습관을 조사한 결과를 바탕으로 만든 그래프이다. 도표를 참고하여, 아래 항목 중에서 나는 몇 가지에 해당되는지 직접 써보자. 앞으로는 내 인생에서 어떤 항목을 추가해야 하는지 스스로 구체적인 목표를 세우는 일에 돌입해보자. 여러분도 잘할 수 있다!

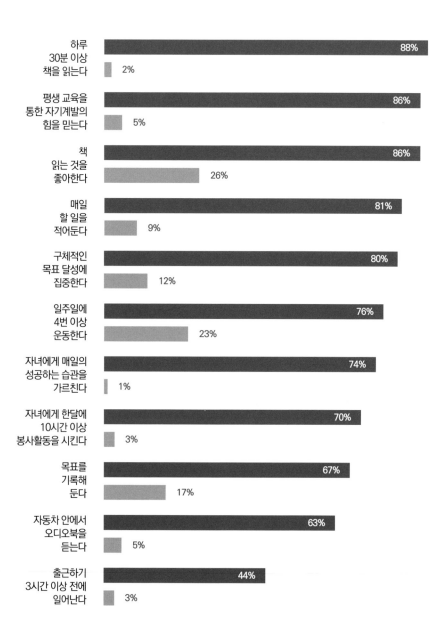

인생을 바꾸는 습관의 차이

■ 부자　■ 가난한 사람

하루 30분 이상 책을 읽는다
- 부자: 88%
- 가난한 사람: 2%

평생 교육을 통한 자기계발의 힘을 믿는다
- 부자: 86%
- 가난한 사람: 5%

책 읽는 것을 좋아한다
- 부자: 86%
- 가난한 사람: 26%

매일 할 일을 적어둔다
- 부자: 81%
- 가난한 사람: 9%

구체적인 목표 달성에 집중한다
- 부자: 80%
- 가난한 사람: 12%

일주일에 4번 이상 운동한다
- 부자: 76%
- 가난한 사람: 23%

자녀에게 매일의 성공하는 습관을 가르친다
- 부자: 74%
- 가난한 사람: 1%

자녀에게 한달에 10시간 이상 봉사활동을 시킨다
- 부자: 70%
- 가난한 사람: 3%

목표를 기록해 둔다
- 부자: 67%
- 가난한 사람: 17%

자동차 안에서 오디오북을 듣는다
- 부자: 63%
- 가난한 사람: 5%

출근하기 3시간 이상 전에 일어난다
- 부자: 44%
- 가난한 사람: 3%

　　Belief : 원하는 것을 모두 이루는 비밀

1. 하루 30분 이상 읽은 책 제목은?

2. 어떠한 평생교육을 하고 있는가?

3. 책 읽는 것을 진심으로 좋아하는가?

4. 오늘 할 일 중 가장 중요한 것은?

5. 구체적인 목표를 한 문장으로 써보자. (구체적인 수치를 포함시키는 것이 좋음)

6. 일주일에 몇 회, 어떤 종목의 운동을 하고 있는가?(할 예정이라도 적기)

7. 자녀 혹은 가족에게 성공하는 습관을 가르친다면, 가장 먼저 어떤 습관을 알려주고 싶은가? (독서, 운동, 봉사활동, 일찍 일어나기 등)

8. 한 달에 10시간 이상 봉사활동 혹은 기부하고 있는 매체의 이름은? 하고 있는 일 혹은 기부 금액은? (할 예정이라면, 매체 이름과 도울 수 있는 일을 구체적으로 적어보자.)

9. 목표를 수기로 기록해두는가? 컴퓨터 파일로 입력해놓는가?

10. 자동차 안에서 오디오북을 듣는다면, 어떤 내용의 오디오북을 들을 것인가?

11. 출근하기 3시간 전, 기상 시간은 몇 시인가? 취침 시간은?

스스로에게 질문하고 답변하는 연습을 통해, 우리 뇌에 창의성을 선물

해줄 것이다. 가끔은 멍때리는 것이나, 사색하는 것도 뇌 활성화에 도움이 된다. 멍하니 있는 자녀나 가족을 질책하지 않도록 노력하자. 가끔은 아무 생각이 없는 상태도 더 창의적인 생각을 할 수 있기 위한 밑거름이 된다. 존 맥스웰은 이렇게 말했다. "일상을 바꾸기 전에는 삶을 변화시킬 수 없다. 성공의 비밀은 자기 일상에 있다." 실제로 삶의 목적지를 명확하게 알고 사는 사람은 그리 많지 않다. 목적지를 잘 모를 때 올바른 길을 찾는 최선의 방법은 올바른 성공 습관을 갖는 것이다. 그것은 당신을 방해하는 모든 것을 없애고, 한 단계 성장할 수 있는 길을 명확히 안내해 줄 것이다. 성공에 도움이 되는 습관은 수없이 많다. 당신도 나처럼 성공하기 위해 다양한 책을 읽고, 성공한 사람들의 강연을 보러 다녔을 수도 있다. 하지만 어떤 이유에서든 아직 성공하지 못했기 때문에 이 책을 읽고 있을 것이다. 성공이 그렇게 어려운 것일까? 딘 그라지오시의 『백만장자의 아주 작은 성공 습관』에서는 길만 알면 누구나 빨리 원하는 곳에 도달할 수 있다고 한다. 그는 저서에서 가장 빠른 시간 내에 원하는 것을 얻을 수 있는 방법을 소개하고 있다. 삶을 180도 바꾸는 아주 작은 습관의 변화는 아래와 같다.

저자는 "작게 시작해서 크게 성공하라"고 외친다. 그는 억만장자, 최고의 운동선수, 기업 CEO, 세계적으로 유명한 연설가에 이르기까지, 다양한 영역에서 최고의 위치에 오른 이들의 습관과 변화를 분석함으로써 그들의 성공 비법을 알아낼 수 있었다. 이들 중의 상당수는 바닥부터 시작했다. 상상조차 하기 힘든 시간을 보낸 사람도 있었다고 한다. 그럼에도 불구하고 그들에게서 공통적으로 발견할 수 있었던 것은 삶을 바꿔놓은 작은 변화들이었다. 저자 또한 그랬듯, 오랜 습관의 작은 변화가 우리 인생에 아주 큰 영향을 미친다. 비록 이 책에서는 경제적 성공을 중점적으로 이야기하지만, 가정생활, 양육, 우정, 인간관계, 종교, 다이어트, 사랑 등 인생의 모든 분야에 도움이 된다. 여러분이 지금까지 성공하기 위해 시도했던 방법들이 모두 틀린 것은 아니다. 다만 꾸준히 하지 못하고 매번 포기했기 때문에 실패를 거듭했던 것이다. 하루아침에 새로운 습관을 들이려고 하면 결국 포기하게 된다. 현재의 삶을 완전히 뒤집으려고 애쓰지 말자. 저자는 여러분이 거의 차이를 못 느낄 정도로 아주 조금씩 일상을 바꿔보라고 말하고 있다. 기존에 갖고 있던 해로운 습관들 먼저 조금씩 바꾸면 된다. 우리는 본능적으로 무엇을 해야 하는지 안다. 자기 스스로가 그것이 무엇인지 가장 잘 알고 있다. 그러나 대부분 차일피일 미루거나 두려움을 갖고 시작하지 못하는 경우가 많다. 자신이 무엇을 원하는지 자신의 마음에 귀를 기울이는 순간 용기를 가지고 자신감 있게 행동할 수 있다.

이 책의 저자인 나 또한 이 책을 집필하기까지 3년이라는 시간이 걸렸다. 이 책은 내 인생에서 3번째 책이다. 2번째 책은 2019년 9월 25일에 출간된 『줌바댄스가 온다』이다. 그 이후, 원고를 컴퓨터에 저장해놓으며 쓰기도 하고, 다이어리 여러 권을 바꿔가며 일기 형식으로 에세이 원고를 쓰기도 했지만 완성하지 못했다. 내 무의식에서는 '원고가 완벽해질 때까진 책을 출간할 수 없어.'라는 완강한 패러다임이 존재했다. 나는 이 책을 완전히 집필하기 전까지 기존의 패러다임을 깨기 위해 무수한 날들을 고군분투했다.('패러다임'에 관한 자세한 설명은 다음 장에서 알려주도록 하겠다.) 기존의 무의식적인 나의 사고방식을 바꾸기란 여간 쉬운 일이 아니다. 그렇다고 크게 어렵지도 않다. '의지'만 있다면 누구나 할 수 있다. 왜냐? 의지박약에 게으름 끝판왕인 나도 해냈으니까! 전 세계에서 2,800만부가 팔린 초대형 베스트셀러 『누가 내 치즈를 옮겼을까?』의 저자, 스펜서 존슨의 책에서 나온 인상 깊은 구절이 있다. "때로는 볼 수 있기 전에 믿어야 한다." 정말 믿을 수 없는 것에는 한계가 없다. 우리는 어떤 일에 앞서 두려워하고, 미리 걱정하는 습관적 패러다임이 내재되어 있다. 무수한 터널의 끝에는 빛이 보이기 시작하듯, 터널을 진입하기 전에 이미 빛을 볼 수 있어야 한다. 그 빛이 점점 환해지며 나를 비추는 상상을 끊임없이 해야 한다. 나도 최근에서야 다시 무의식을 완벽하게 개조하고, 원고를 완성할 수 있었다. 완벽하기 전에 완성하는 일이 먼저다. 완성한 다음, 보완하고 수정하면 된다. 계단의 처음과 끝을 다 보려 하지 말자. 시작하기도 전에 지쳐버린다. 그냥 발을 내디뎌야 한다. 원고를 쓰면서 완성된 모습을 상상하자, 그제야 가속도가 붙었다.

그래서 또 한 번 책 쓰기 코치님에게 감사와 경의를 표한다. 그분이 계셔서 정말 기적적으로 한 달 만에 원고를 완성했다. 그 덕분에 출간 또한 신속히 이뤄졌다. 코치님의 도움 없이 스스로를 계속 다독이며 나아가는 과정이 때때로 쉽지만은 않았다. 그렇지만 이 또한 내가 성장함에 있어 꼭 필요한 여정이라 생각하며 계속 발을 내디디고 또 내디뎠다. '그분이라면 이 순간에 어떻게 하셨을까?' 내가 그분의 입장이 되어 상상해보았다. 그분은 이런 고민 자체를 하지 않고 그저 원고를 써내려갔을 것이다. 그리고 내가 존경하는 켈리델리의 창업자 켈리 최 회장님을 떠올려보았다. 책 쓰는 과정 자체를 즐기며 꾸준히 써내려갔을 그 장면이 상상되었다. 실제로 그분의 저서 『웰씽킹』에도 나와있듯이 세계를 누비며 요트 여행을 하면서 원고를 쓰셨다. 갑자기 막막하거나, 마음먹은 대로 되지 않는 것 같은 느낌이 들 때는 내가 존경하는 인물들을 떠올려보자. '그분이라면 지금 이 순간에 어떻게 하셨을까?' 내가 잠시 잠깐 그 사람이 되었다고 가정해보며 상황을 상상해보자. 분명 탁월한 해결책이 떠오르며 행동에 박차를 가할 수 있을 것이다.

글을 좋아하고, 책을 사랑하는 나 또한 가끔은 내 생각대로 글이 안 써지는 순간이 있다. 그럴 때마다, 나는 스스로를 자책하기보다는 가벼운 산책으로 뇌와 몸을 환기시킨다. 그러면 곧장 좋은 아이디어가 떠오르면서 머리와 기분까지 맑아진다. 꼭 강력한 운동을 할 필요는 없다. 매일 꾸준히 30분에서 1시간 걷는 것 자체도 삶 전반에 도움이 되고, 성공자들이 꾸준히 실천하는 매일의 습관 중 하나이다. 작은 습관들이 모여 큰 성공을 이루는 것이다. 처음부터 거창할 필요는 없다. 이것이 바로 스몰 스텝 전략(Small Step Strategy)인 것이다. 누구나 무한한 가능성을 가지고 태어난다. '마비는 지나친 분석에서 생겨난다'는 말을 들어본 적이 있다. 우리가 바라는 인생을 살고자 할 때, 우리를 멈추게 하는 것은 바로 지나치게 많은 생각이다. 지나치게 많이 생각하고 지나치게 분석함으로써 그 틀에 갇혀버리게 된다. 성공에 요리법이 있다면 다른 것은 만사 제쳐두고 그 요리법만 따라 하면 된다. 시간과 에너지를 써서 처음부터 힘들게 음식을 만들 필요가 없는 것이다. 지나치게 깊이 생각하지 말자. 그러면 아무것도 할 수 없게 될 것이다. 마음에서 행동하라고 말한다면, 자신의 무의식이 해보라고 한다면 그만 생각하고 행동으로 옮길 차례다. 그에 반응하는 에너지가 여러분이 원하는 방향으로 이끌어줄 것이다. 내면의 자기 확신, 스스로에 대한 믿음이 가장 중요하다. 여러분은 해야 할 일을 하며 새로운 습관을 형성하면 된다. 당신은 충분히 훌륭하고 멋진

존재이다. 매일의 작은 습관들을 바꿔 나가면서 세상에 자신의 놀라운
능력을 보여주도록 하자! 건투를 빈다!

04

새로운 패러다임을 만드는 3가지 규칙

무언가를 할 수 있기 전에,
우선 무언가가 되어야 한다.

- 요한 볼프강 폰 괴테

　높은 목표를 설정하고, 그 목표를 추구하며 살고 싶다면 무조건 따라야
하는 3가지 규칙이 있다. 이 규칙은 밥 프록터가 그의 저서『부의 확신』에
서 서명하고 있다. 이 규칙을 매일 본다면, 여러분의 잠재의식이 변하고
성공에 가까워질 것이다. 그 규칙의 첫 번째는, 먼저 결정하는 것이다. 두
번째는 시각화에 대한 이해다. 세 번째는 규율이다. 이 규칙은 여러분이
태도를 계속적으로 올바르게 유지하고, 우리 자신을 위해 상황을 올바른
방향으로 움직이는 방법이다. 나 자신의 태도를 부정적인 쪽에서 긍정적

인 쪽으로 바꿔놓는 한 가지는 잠자리에 들기 직전 다음 확언을 반복하는 것이다. "만약 내 꿈이 이뤄졌다면, 내 기분은 어떨까?" 매일 밤 잠들기 전에 다양한 질문을 하고, 행복한 꿈을 그린다. 무엇보다 기분이 좋은 것이 가장 중요하다. 핵심은 어떻게 생각하느냐보다는 어떻게 느끼는가가 더 중요하다. 우리는 우리가 생각하는 대로 되는 것이 아니라, 우리가 느끼는 대로 된다. 생각은 의식적인 마음이고, 기분이 잠재의식이다. 이것이 인간이라는 존재의 보편적인 측면이다. 느끼기 위해서는 그 꿈이 이뤄지는 모습을 보는 것, 즉 시각화가 필요하다. 결과를 향해서가 아니라, 결과에서 출발해야 한다. 제대로 했다면 올바른 길을 따라갈 수 있다. 목표가 현실로 드러나는 것은 단순히 시간문제에 지나지 않는다. 이미 우리는 지성과 감성, 마음속으로 그 목표를 이루어냈기 때문이다.

뛰어난 성과를 내는 패러다임의 또 다른 측면에는 어떤 것이 있을까? 첫 번째 원칙은 당신이 어떻게 느끼고 행동을 하는지에 책임을 지는 것이다. 에너지는 나 자신을 통해 흐르고, 그 에너지를 원하는 방향으로 끌고 가는 것은 나 자신에게 달려 있다. 우리는 모두 영적인 존재이다. 그렇기 때문에 원하는 것이 무엇인지 이미지를 만들어내야 한다. 영은 언제나 우리를 향해, 우리를 통해서 흐르기 때문이다. 모든 것이 우리에게 달려 있다. 신은 우리가 어디로 가야 할지, 정해주지 않는다. 그에 대한 결정은 우리 자신이 하는 것이다. 신은 행하고, 우리는 결정을 내리는 주체다. 신은 우리를 통해 모든 일은 행한다고 한다. 신은 우리의 이미지를 가져와서 바꿔놓으며 그때부터 형태를 갖추기 시작한다. 그때서야 비로소 우리의 꿈이 눈에 보이는 형체로 나타나는 것이다. 두 번째 원칙은 원하는 것이 무엇인지 결정하고, 마치 이미 얻은 것인양 행동하는 것이다. 우리의 상태가 한 가지 모습이 아니라면 다른 상태로도 이미 같은 곳에 존재할 수 있다. 즉, 그 무엇도 창조되거나 파괴되지 않는다는 것이다. 모든 것이 이미 우리 현실에 존재한다. 베르너 폰 브라운이 말했다. "케네디 대통령의 말씀에 사람이 달에 가는 데 필요한 건 의지가 전부라고 했습니다." 우리의 목표를 달성하기 위한 방법과 수단은 이미 우리의 현실에 존재한다. 우리는 그저 그 방법과 수단에 손을 내밀어 요청하기만 하면 되는 것이다. 우리가 결정할 때 유일하게 해야 하는 일은 바로 아래와 같은 질문을 하는 것이다. "나는 진정 이 일과 이것을 원하는가?" 이 물음에 대한 정답은 이미 여러분 안에 있다.

규칙 1. 어떤 사람이 될 것인지 결정하라

우리는 우주의 주파수에 맞춰 움직인다는 것을 알고 있는가? 우리의 눈앞에 줄이 그어진 공책처럼 여러 개의 선이 그어져 있다고 상상해보

자. 각각의 선은 진동수, 혹은 주파수를 의미하는 것이다. 아래쪽에 그어진 선 위에 r이라 쓰고, 성과라는 단어 result의 r이라고 말해본다. r은 현재의 우리가 있는 공간이다. 이제는 위쪽으로 올라가서 오른쪽에 별을 그려본다. 이 별은 더 높은 선, 즉 더 높은 주파수에 있는 영역으로 우리가 원하는 대상이라 칭할 수 있다. 우리는 우리가 가진 의식을 원하는 주파수까지 올려야 할 필요가 있다. 그렇지 않을 경우, 목표에 도달할 수 없기 때문이다. 앞으로 내가 되고 싶은 사람처럼 미리 행동하는 것이다. 그 주파수에 도달하여 이미 그곳에서 살고 있는 것처럼 행동하라. 이것이 바로 소망이 결과로 나타나는 유일한 방법이다. 대부분의 사람은 목표를 세우기만 하고, 도달하지 못하는 경우가 많다. 그 이유는, 자신이 되고 싶은 사람처럼 행동하지 않기 때문이다. 우리는 이미 그런 사람이 된 것처럼 말하고 행동하여야 한다. 독일의 문호, 괴테는 이렇게 말했다. "무엇을 할 수 있기 전에, 우선 무언가가 되어야 한다."

규칙 2. 현재완료형 인생 각본을 써라

나의 인생 초기, 중기, 장기 목표를 구체적으로 적었는가? 구체적인 수치를 넣어서 몇 년도, 몇 월, 며칠까지 이루겠다고 기입했는가? 이 단계를 완료했다면 목표를 녹음해서 들어보자. 어떻게 살고 싶은가? 무엇을 원하는가? 가능한 자세히 구체적으로 적어야 한다. 언제나 현재완료형 시제를 사용해야 한다. 그 안에 감사하는 마음을 담아야 하는 것은 물론 이다.

'나는 지금 _____ 해서 감사하고 행복하다.'

위와 같이 빈 칸에 내가 이룰 목표를 이미 이룬 것처럼 적고, 수십 번씩 따라 읽어보자.

이 각본을 쓰려면 목표가 이뤄진 시점으로 가서 그곳에 이미 살고 있다고 생각해야 한다. 끝에서 시작하는 것이다. 다른 사람들이 이상하다고 지적하더라도 개의치 않을 정도로 스스로 확신을 가져야 한다. 이미 목표 지점에 도달한 자신의 모습을 보지 못한다면, 절대로 목표를 달성할 수 없다는 게 밥 프록터의 이론이다. 상상은 많은 사람들이 성공하는 데 가장 훌륭한 도구이다. 지혜로운 모든 사람들이 가치를 창조하기 위해 사용하는 정신적인 도구다. 우리는 상상을 통해서만 우리가 미래에 미리 도착했다는 것을 알 수 있다. 목표를 모두 달성한 사람처럼 걷고, 그런 사람이 된 것처럼 말하고, 실제로 그렇게 이뤄진 것처럼 행동해야 한다. 마음속에서 우리는 이미 그곳에 있다고 느낄 수 있다. "당신이 되고 싶은 사람처럼 행동하라!"

규칙 3. 책임 조력자를 섭외하라

우리는 행동을 하겠다고 여러 번 말할 것이다. 아마 그 말을 하면서 믿기도 할 것이다. 그러나 인생은 내 뜻대로 되지 않을 때가 많지 않던가? 번번이 꼬여버리면 우리는 그 행동을 더 이상 하지 않는다. 사람들은 자신의 행동방식에 대해 충실하다고 말할 때조차도 여전히 행동하지 않을 때가 많다. 만일 번복할 수 없는 약속을 했을 때 책임 조력자가 있다면 약속을 지키기 위해 노력할 것이다. 평소에 자신이 존경하는 사람을 책임 조력자로 섭외하면 어떨까? 그런 다음, "나는 이 일을 해내고야 말 것입니다."라고 말해보자. 그들은 우리가 그 일의 책임을 다할 수 있도록 뒷받침해줄 것이다. 우리는 그들이 실망하는 모습을 보고 싶지 않을 것이다. 우리는 그들의 눈에 훌륭한 모습으로 비치길 바랄 것이다. 따라서 그 일을 해낼 가능성이 상당히 커질 수밖에 없다. 스스로에게 책임감을 부여할 방법으로 나는 내가 해낼 것이라는 확언을 휴대폰에 녹음하여 반복해서 듣는 것으로 택했다. 음성녹음을 들을 수 없는 장소라면, 다이어리에 메모하며 마음속으로 되뇌었다. 100일 동안 나의 목표 100번 확언 적기도 85일째 하고 있는 중이다. 그리고 책임 조력자에게 "나는 당신을 믿고 있습니다. 내가 조금 지쳤거나 힘들어 보일 때에도 당신에게 감사하며 다시 일어날 것이라는 것을 알고 있습니다. 그럴 때마다 당신이 응원과 격려를 해줄 것이라는 것도 알고 있습니다. 우리는 가장 완벽한 파트너가 될 것입니다."라고 확신과 믿음을 주기도 한다. 이렇게 서로에게 놀라운 파트너십을 발휘하게 되는 것이다. 우리는 우리 자신이 무엇을 잘하고, 잘 못하는지 명확하게 인지할 필요가 있다. 한 사람이 모든 것을 잘할 필요는 없기 때문에, 못하는 것이 있어도 괜찮다. 우리가 잘할 수 있는 일은 더 잘할 수 있도록 노력하고, 잘할 수 없는 일은 다른 사람에게 위임하고, 잘 관리할 수 있도록 이끌어주자. 앞으로 내가 하고자 하는 일을 확실히 해낼 수 있도록 스스로를 가다듬자. 내가 했다면, 여러분도 충분히 잘 해낼 수 있을 것이라 믿는다.

불편한 목표에 감정적으로 이입해보면 어떻게 될까? 우리의 목표를 검토하다 보면, 처음에는 부자연스럽게 느껴졌던 것들이 자연스럽게 느껴지는 순간이 있을 것이다. 하나의 예로, 자동차를 운전하는 것과 같다고 설명할 수 있다. 처음 운전을 배웠을 때, 나는 장롱면허로 끝나는 것이 아닐까? 라고 생각했다. 나는 처음 운전을 시도해본 것이 중학교 3학년 때이다. 어쩌다가 고향 이웃사촌 오빠에게서 운전을 배우게 되었는데, 처음 운전을 했던 그 날에 차 뒤 범퍼가 찌그러지는 사고를 냈다. 자동차의 주인은 이웃사촌의 누나였는데, 그 당시 용돈이 하루 500원도 안 되는 중학생이었던 나에게 수리비를 청구하기 미안했는지 자신의 잘못으로 덮겠다고 하였다. 그 당시의 나는 엄청 미안한 마음 반, 겁이 나는 마음 반이었다. 그날 이후로 또 사고가 날까 봐 운전을 하려니 겁이 나서 나는 영영 운전을 못할 줄 알았다. 그러나 가족들의 권유로 인해 다시 운전에 용기를 냈다. 나는 적절히 브레이크를 밟는 법과 클러치에서 발을 떼는 법을 운전면허 학원에서 제대로 배우기 시작했다. 다시 운전대를 잡기까지 정말 불편하고 무섭기도 했다. 하지만 시간이 흐르고 나면, 이런 절차에 신경을 쓰지 않게 되는 날이 온다. 무의식에 운전하는 법이 완벽하게 각인되기 때문이다. 불편하다고 생각하는 일을 반복적으로 하다 보면, 결국 그 일을 편안하게 느낄 수 있게 된다.

나는 운전면허를 따고 난 이후에도 몇 차례 생사를 넘나드는 사고가 있었다. 나의 차가 빙판길에 360도 회전하여 산 아래로 추락할 뻔한 적도 있었고, 앞에서 달려오는 차와 정면으로 세게 부딪혀 영화의 한 장면처럼 차 앞 범퍼가 완전히 부서져 차에서 자욱한 연기가 나온 적도 있었으며, 운행 중이던 나의 차의 브레이크가 갑자기 고장이 나서 앞차와 제대로 부딪힌 적도 있었다. 이런 무수한 사고의 경험에도 아랑곳하지 않고 다시 운전을 할 수 있었던 이유는 매 순간 불편함을 다시 무릅썼기 때문이라고 생각한다. 그 당시 사고의 순간에는 목숨을 잃을까 봐 두렵기도 했고, 사고 후유증으로 인해 며칠을 시달린 적도 있었다. 그러나 불편함은 잠시라는 생각을 하면서 그 순간을 극복하려 노력했다. 우리는 생각으로 떠오르는 두려움을 그 즉시 내쫓아버릴 수 있다. 우리는 또한 오랫동안 직장에 다니다가 갑자기 사업을 시작하는 것이 두려울 수도 있다. 사업체와 집이 저당 잡히고, 저축했던 돈을 모두 날리는 등 오싹한 생각이 들기도 한다. 그러나 앞서 운전할 때처럼 불편한 느낌을 인정하고 받아들여보자. 그리고 그 순간을 극복하려 노력하다 보면 나중에는 사업을 시작하기로 했던 내 생각이 편해지기 시작한다. 불편하다고 느끼는 생각이 들면 감정적으로 계속 이입을 해보자. 머지않아 그 생각은 곧 편해지기 시작할 것이다. 이 순간이 내 생각의 패러다임을 바꾸는 시점이다. 편안함이 머무르기 좋은 곳이라 생각하는가? 결코 그렇지 않다. 인생의 모든 것이 정말로 편안해진다면 더 이상의 성장과 발전은 없을 것이다. 상당히 불편하게 느껴지는 일을 해야 하고, 그 일이 편안하게 느껴질 때까지 계속 스스로 노력해야 할 것이다. 편안함이 느껴지는 시점에 다시 불편함이 느껴지는 목표를 설정하는 것이 현명한 방법이다. 불편함은 우리가 성장하고 있으며 이전에 가보지 못한 곳으로 향하는 여정임을 자각하는 것이다. 남을 따라 하지 말고, 나 자신이 되자. 당신은 목표를 향해서 나아가기 위해 새로운 기준을 세워야 할 시점이다.

05

건강을 찾자 자유가 왔다

건강이 있는 곳에 자유가 있다.
건강은 모든 자유 가운데 으뜸이다.

– 앙르 라미엘

나에게 맞는 운동은 건강과 기쁨을 선물한다

당신이 생각하는 최고의 재테크는 무엇인가? 많은 사람들이 말하는 주식, 부동산, 펀드라 생각하고 있지 않는가? 내가 노동을 하지 않아도 돈을 벌어다주는 시스템이 최고의 재테크가 될 수도 있다. 하지만 어떤 재테크를 하든지 건강을 가장 우선시해야 한다.

최고의 재테크는 건강관리이다. 노후의 가장 중요한 자산은 '건강'이다. 건강을 잃게 되면 돈도 시간도 다 잃게 되는 것이나 다름없다. 시대가 빠르게 변화하고 있다. 모든 것이 다 변해도 절대적으로 변하지 않는단 하나의 진리가 있다. 모든 일에서 건강을 우선시해야 한다는 점이다. 벤자민 프랭클린도 건강에 대해 이렇게 말했다.

"건강을 유지하는 것은 자기에 대한 의무인 동시에 사회에 대한 의무이다."

건강은 선택이 아닌 의무사항인 것이다. 아무도 내 건강을 대신 지켜줄 수 없다. 본인 스스로 지켜나가야 하는 것이다. 건강할 때 더 건강을 챙기란 말을 들어본 적이 있는가? 우리는 크게 아파보고 나서야 비로소 건강에 대한 소중함을 깨닫는 존재이다.

나 또한 그런 사람에 지나지 않았다. 바쁘고 시간이 없다는 핑계로 운동을 소홀히 했던 적이 있었다. 살은 살대로 찌고, 몸이 무거워지니 게을러질 수밖에 없었다. 면역력이 급격히 떨어져 감기를 수시로 달고 살았다. 거울 앞에 살찐 내 모습을 보고 있자니 자존감도 떨어졌다. 사람들을 만나는 것도 귀찮았고, 무언가를 하고 싶은 의욕도 생기지 않았다. 바지를 입었을 때 바지 밖으로 삐져나온 살들이 얼마나 꼴 보기 싫은지 아는가? 살이 삐져나온 것만으로 끝나면 다행이다. 허벅지에서부터 바지가 꽉 껴 들어가지 않았을 때의 그 참담함이란! 이루 말할 수 없다.

고문당하는 것만 같은 운동! 웨이트(무산소성 근력운동, 대체적으로 바벨이나 덤벨, 무거운 기구를 들고 하는 고립운동을 통틀어 이르는 말)는 절대적으로 하기 싫었고, 무언가 신선한 종목의 변화가 필요했다. 재미와 다이어트. 두 마리 토끼를 다 잡아다 준 건 줌바댄스뿐이었다.

지금은 회원님들에게 줌바댄스를 가르치면서 배울 때와는 또 다른 재미를 느끼고 있다. 하루 이틀 발전해나가는 모습을 보고 있노라면, 얼마나 벅찬 감동이 밀려오는지 아무도 모를 것이다. 흐르는 땀 속으로 눈물을 숨긴 적도 있다. 너무 잘 따라와주는 게 고마워서 감격의 눈물을 흘린 적이 있었다. 땀과 동시에 흘러내렸기에 아무도 눈치 채지 못했을 것이다. 가슴속으로부터 뜨거운 전율이 솟구쳤다. 단언컨대 어떤 일을 하면서도 기쁨의 눈물을 흘려본 적이 없었다. 일에서의 보람은 물론이고 나를 흠뻑 적실만큼 빠져본 일이 과연 있었을까? 나와 함께 땀을 쏟고, 나로 인해 건강해지면 그 보다 더 좋은 일이 어디 있을까?

가장 반응이 뜨거웠던 하남시의 미사 센트리버 회원님들이 기억에 남는다. 나로 인해 줌바댄스의 존재를 처음 접하는 분들이 대다수였다.

'어떻게 하면 쉽고 재미있게 알려 드릴 수 있을까?'
'어떻게 하면 회원님들이 생소한 줌바 음악에 친근감 있게 다가갈 수
있을까?'
'어떤 동작으로 구성해야 많은 분들이 만족할 수 있을까?'

고민에 고민을 거듭했다. 수업의 질을 높이고 내 수업이 보다 가치 있
기를 바랐다. 나로 인해 처음 접하는 줌바댄스가 좋은 기억으로 남길 바
랐다. 따로 개별상담을 할 수 없기에 설문조사도 해보았다. 수업 시작 전
에는 항상 줌바댄스에 대해 어떻게 생각하는지 소감이나 의견을 여쭈어
보았다. 최대한으로 만족도를 높이고 싶었다. 내게는 이 모든 과정이 스
트레스가 아닌 행복한 고민이자 중요한 연구였다.

그간 노력했던 내 진심이 통했던 걸까? 크게 걱정하지 않아도 될 만큼
수업 참여도가 높았다. 다른 어느 곳보다도 출석률이 좋았다. 가장 출석
률이 저조한 월요일에도 구애받지 않았다. 수업 내내 힘들어도 재미있다
고 웃으며 얘기해주시는 분들께 너무 감사했다.

불면증이 완벽하게 극복되었다는 회원님, 순발력이 좋아졌다는 회원님, 살이 3kg나 빠졌다는 회원님, 삶의 활력소가 되었다는 회원님 등 좋은 피드백이 속속들이 나왔다. 회원님들은 내가 어떤 시도를 해도 존중해주었고, 나는 가장 마음에 드는 프로그램을 만들기 위해 계속적으로 변화를 주고 시도해보았다.

나 자신을 사랑할 수 있는 유일한 방법

줌바댄스를 배우는 시간은 서로 좋은 에너지를 공유하는 소통의 장이다. 직장상사와의 갈등, 남편과의 다툼, 자녀에 대한 걱정, 직장 스트레스 등 모든 고민과 갈등에서부터 자유로울 수 있는 시간이다. 이 시간만큼은 현실에서 힘들었던 모든 일을 다 잊고 오로지 나에게만 집중할 수 있는 유일한 시간이다. 하루 중 가장 소중한 시간인 것이다. 온전히 내 몸에 집중하다 보면 쓸데없는 걱정이 나를 비집고 들어올 틈이 없다. 오로지 나에게만 집중할 수 있게 된다. 동작을 외우는 과정에서 기억력이 좋아지고, 기분도 덩달아 유쾌해진다. 함께 웃으며 신나게 뛴다. 어느새 땀이 나고 있다. 건강해지는 소리가 들린다. 심장박동이 뛰면서 기분이 최고조에 달한다. 기분 좋게 정점을 찍고 하루의 끝을 행복하게 마무리한다.

행복은 강도가 아니라 빈도라고 한다. 춤의 즐거움도 강도보다는 빈도라고 생각한다. 단 한 번의 임팩트보다는, 자주 꾸준히 반복했을 때 장기적으로 더 행복해진다. 언제 어디서나 출 수 있다면 그 자체로 즐겁다. 낮에는 업무에 치여 스트레스 받는 내가 있다면, 저녁에는 노는 나와 만나야 한다. 우리는 놀면서 스트레스가 풀린다. 놀면서 마음을 깨끗이 정화할 때, 다음 날을 개운하게 시작할 수 있다. 생각은 깊게 하되, 행동은 단순하게 하는 것이 정신 건강에도 도움이 된다. 우물쭈물 동작이 정확하지 않아도 상관없다. 그저 시작해보는 것이다. 치열하게 일하며 고생하는 나에게 진정한 자유를 선물해보자. 스스로를 사랑해줄 수 있는 유일한 방법이다. 우리는 여럿이 함께일 때 비로소 시너지 효과를 발휘한다. 서로에게 좋은 에너지를 공유하면서 파이가 더 커지는 것이다.

답은 어디에도 없다. Answer is nowhere.
답은 지금 여기에 있다. Answer is now, here.

님이라는 글자에 점 하나를 찍으면 남이 되듯이, nowhere에 쉼표를 찍으면 'now, here'이 된다. 바쁘다는 핑계를 대는 이들, 상황이 마땅치 않아서 안 된다고 말하는 이들은 자신에게 맞는 시간과 장소를 영원히 찾을 수 없다. 무엇이든 언제, 어디서나 마음만 먹으면 할 수 있다.

줌바댄스 안에서 모두가 하나 되는 벅찬 감정을 오늘 당장 만끽해보자. 시작이 반이다!

06

내 인생에 변화가 시작되다

삶은 자기 자신을 찾는 여정이 아니라
자기 자신을 만드는 과정이다.

– 조지 버나드 쇼

사람들에게 기쁨과 안정감을 주는 춤

SNS에서 춤과 관련된 인상 깊은 스토리를 보았다. 자신이 강하다는 것을 과시하고 싶어 언제라도 싸울 준비가 되어 있던 한 소녀가 있었다. 소녀는 미국 플로리다주의 어느 초등학교로 전학을 가게 되었다. 그녀는 춤 수업을 거부했지만, 참여는 의무적이었기 때문에 선택의 여지가 없었다.

선생님은 그녀에게 춤을 가르치느라 매번 진땀을 흘렸다. 그러다 네 번째 수업 즈음 놀라운 일이 일어났다. 그녀의 태도가 몰라보게 바뀐 것이다. 친절해졌고, 말투 또한 바뀌었으며 더 예의 바르게 행동했다.

나에게도 소녀와 비슷한 증상의 회원님이 있었다. 말투가 굉장히 공격적이었으며, 세상에 대한 분노가 가득해보이는 여성분이었다. 줌바댄스를 알려주는 시간마다 그녀의 표정을 보고 있는 게 곤혹이었다. 거울에 비친 그녀의 표정과 열의 없는 태도를 볼 때면 기운이 쭉쭉 빠졌다. 마치 내 영혼을 갉아먹는 것만 같이 느껴졌다.

'저렇게 하기 싫어하면서도 매일 출석을 하는 이유가 뭘까?'

내심 그녀가 궁금해졌다. 그러다가 문득 나의 운동 스승님, 노선생님이 하시던 말씀이 내 귓가를 맴돌았다.

"어떤 코치를 만나느냐에 따라 인생이 바뀐다. 한 명의 훌륭한 스승은 죄수의 삶마저도 바꿀 수 있다."

문득 내가 그녀를 도울 수 있겠다는 생각이 들었다. 수업을 마친 후, 5

분만 개인면담을 하자고 요청했다. 그녀는 의외로 흔쾌히 수락했다.

"H 회원님, 혹시 줌바댄스를 시작하게 된 계기가 어떻게 되세요?"

"저희 엄마가 줌바댄스 배우시거든요. 저도 배우라고 등록해주셨어요. 근데 왜요, 선생님?"

"회원님이 줌바댄스를 즐겁게 했으면 좋겠는데, 쌤이 어떻게 도와줄 수 있을까요?"

"사실은요. 이전에 다른 학원에서 필라테스를 배웠었는데요. 선생님이 너무 대놓고 저를 무시했어요. 사람들 앞에서 제가 잘 따라 하지 못한다고 면박을 줬어요. 그때 이후로 기가 죽고 사람들 앞에서 위축된 것 같아요. 이전에 상처가 있어서 사람들 눈치를 많이 보게 돼요. 선생님 줌바댄스 수업 신나고 재밌어요. 운동보다 춤을 추니까 기분도 나아지구요."

그녀는 줌바댄스가 재밌어서 하루도 빠짐없이 온 것이었다. 단지 이전의 상처로 인해 스스로의 잠재력을 꺼내지 못한 것뿐이었다. 나는 그녀 안에 있는 잠재력을 끌어내주고 싶었다. 그것이 나의 임무란 생각이 들었다. 수업 도중 그녀 옆으로 가까이 다가가 춤을 췄고, 제스처로 엄지 척을 보내주며 사기를 북돋아주었다. 그녀가 이전보다 자신감이 생겨서 신나 하는 것을 보니 나도 기뻤다. 지금은 그 누구보다 자신감이 있고,

수업을 즐기는 그녀가 되었다. 1주일의 두 번 수업으로는 아쉬웠는지 요즘은 나에게 1:1 개인 트레이닝을 받고 있다. 수업에서 꼴찌 수준을 달리던 그녀가 지금은 최고가 되었다.

영국의 예술 교육을 활성화시키는 데 큰 역할을 한 캔 로빈슨 경은 말했다.

"춤은 학교에서 수학 같은 과목처럼 중요한 위치를 차지해야 합니다. 춤은 기쁨과 안정감을 주며, 폭력으로 얼룩진 학교에 평화를 되찾아 주기 때문이죠."

실제로 많은 사람들이 줌바댄스로 인해 긍정적인 삶의 변화를 겪고 있다. 줌바댄스를 추고 난 뒤로 심신이 안정이 됐다는 의견이 가장 많았다. 고통스런 불면증을 겪고 있는 회원님들도 줌바댄스로 인해 잠을 잘 자게 되었다고 한다.

나 또한 지독한 우울증을 줌바댄스로 극복했다. 집에 혼자 있을 때면 세상의 불행을 다 떠안은 사람처럼 우울했다. 온갖 불안한 생각과 우울한 심리상태로 하루도 평온할 날이 없었다. 그럴 때마다 줌바댄스 음악을 틀고 음악에 몸을 맡겼다. 언제 그랬냐는 듯 기분이 금방 나아졌다. 땀을 쏟으며 기분이 상쾌해졌다.

줌바댄스는 몸 건강뿐만 아니라, 정신건강에도 매우 효과적인 운동이다. 이미 실제로 미국 설문조사의 통계에서 입증된 바 있다.

성격과 건강까지 좋아지는 일거양득의 효과!

미국 LA주에서 실시한 설문조사에서 춤을 배운 81%의 학생들은 타인을 더 존중하게 되었다고 답했다. 춤 수업을 실시한 대부분의 선생님들은 학생들의 협동심과 융화력이 눈에 띄게 좋아졌다고 말했다.

춤추는 것은 성적을 올리는 데도 매우 효과적이다. 버진아일랜드의 한 초등학교에서도 평균점수가 낙제점이었던 5학년 학생들의 수학 성적이 춤 수업을 시작한 지 2년 만에 무려 85점까지 상승했다. 격렬한 신체활동이 수반되는 춤은, 기억력과 집중력에 큰 도움을 주기 때문이다.

이 뿐만이 아니다. 춤은 나이를 불문하고, 남녀노소에게 긍정적인 영향을 준다. 춤은 혈관을 튼튼하게 하고, 골다공증을 예방하며 스트레스와 불안, 우울증상을 개선해 건강하고 활기찬 삶을 사는데 큰 영향력을 미친다. 따라서 삶이 무기력하거나, 일이나 공부에 집중하기 어렵다면 춤을 배워보는 것을 적극 추천한다. 그리고 혹시 성적이 오르지 않아 고민인 자녀가 있다면, 춤을 한 번 가르쳐보는 것은 어떨까? 성적도 오르고 덩달아 성격과 건강까지 좋아지는 일거양득의 효과를 보게 될 것이다.

줌바댄스 수업에는 남녀와 나이를 불문하고 다양한 회원 층이 존재한다. 어린이를 위한 줌바키즈와 중장년층을 위한 줌바수업도 따로 마련되어 있다. 그중에서도 인상적이었던 분들은 부부동반으로 오신 분들이었다. 처음에는 아내의 제안으로 남편 분은 거의 끌려오시다시피 따라오신 것이었다. 속으로 내심 '며칠 못 버티시고 안 나오시는 건 아닐까?' 하고 염려되었다. 왜냐하면 줌바댄스 수업 참석인원 대부분이 여성회원이기 때문이다. 우려와는 달리 오히려 남편분이 더 적극적이었다. 매 수업이 끝날 때마다 나에게 감사인사를 건네고 가셨다.

"선생님, 덕분에 살이 빠진 것은 물론이고, 순발력이 굉장히 좋아졌습니다. 축구 동호회에서 거뜬히 우승을 거두고 있습니다. 처음에 한 개로 시작했던 동호회가 두 개, 세 개가 되어도 체력이 좋습니다. 줌바댄스 하고 난 뒤로 생긴 일입니다. 너무 감사합니다."

아내분도 처음 오실 때 무릎의 통증이 있었다. 무릎에 무리가 가는 동작은 가급적이면 생략하시고 상체 위주로만 하시라고 말씀드렸다. 하체에 운동비중을 줄였음에도 불구하고 아내분도 점점 살이 빠졌다. 체력이 좋아지는 건 당연한 결과였다.

처음에 내가 구호를 외치자고 했을 때, 부끄러워하시던 모습들은 어디로 간 걸까? 오히려 지금은 내가 시키지 않아도 알아서 하는 분위기이다. 줌바댄스를 시작하고 나면 몸의 긍정적인 변화들이 하나둘씩 생겨난다.

가장 처음에 겪는 변화는 감정상태이다. 우울증이 해소되면서 기분이 상쾌해진다. 상쾌해진 기분에서 신나는 음악이 가해져 신이 난다. 그 과정에서 엔도르핀이 솟는다. 온몸에 땀이 맺히기 시작하면서 심장이 뜨거워진다. 기분이 최고조로 달아오른다. 얼굴에도 웃음꽃이 핀다. 어느새 몸도 저절로 춤을 춘다.

이 과정을 3개월 정도 지속했을 경우 나타나는 다음 단계가 육안상의 변화다. 웨이트나 크로스핏 등 힘들고 지루한 운동을 할 때보다 3개월이 빨리 흘러가기 때문에 다이어트가 쉽고 재미있다. 요요현상 없는 다이어트를 장기적으로 지속하고 싶은가? 나와 함께 줌바댄스로 달라지는 몸의 변화를 겪어보기 바란다.

나는 선생님의 가장 골칫거리 제자였다

노지영 선생님에게 나는 제일 골칫거리 제자였다. 선생님이 주의하라고 일러주신 것을 무시하는 바람에 운동하면서 자주 다쳤다. 한의원과 병원에 자주 드나들었다. 무슨 고집에선지 모르겠지만, 하루는 선생님이 속상해하며 우시는 모습을 보며 문뜩 정신이 번쩍 들었다. 선생님 말을 안 들어서 자꾸 다치는 것이라며 본인이 더 속상하다고 하셨다.

'내가 너무 내 고집만 피웠던 건 아닐까? 혼자서 할 수 없기 때문에 선생님이 있고 전문가가 있는 것인데. 내가 그 부분을 너무 간과한 것만 같다.'

그때 이후로 선생님이 시키는 대로만 따랐다. 내 고집을 피울 때보다 과정이 훨씬 수월했고 결과물도 좋았다. 몸이 예뻐지고 좋아지는 것을 내 육안으로도 확인했기 때문이다. 몸이 예뻐지고 좋아지는 것을 내 육안으로도 확인했기 때문이다. 나 또한 실패를 많이 했다.
여러분도 지금보다 더 나은 실패를 하라!

07

나는 매일 저녁 나를 응원한다

불행한 사람은 가지고 있지 않는 것을 사랑하는 사람이며,
행복한 사람은 가지고 있는 것을 사랑하는 사람이다.

– 하워드 가드너

어제의 나를 극복할 때 비로소 변화할 수 있다

당신은 지금 행복한가? 나는 지금 몹시 행복한 상태다. 그러나 내게도 늘 힘들고 슬퍼서 눈물로 밤을 지새웠던 시기가 있었다. 행복해서 눈물이 날 수 있다는 것은 최근에 처음 알았다. 성공과 실패는 외부에서 오는 것이 아니라 내 안에 있는 것이다. 우리는 때때로 일시적인 좌절을 겪을지도 모른다. 하지만 영원히 실패하리란 법도 없다. 좋은 날도 오기 마련

이다. 어제의 나를 이기는 것이 성공으로 가는 지름길이라고 한다. 줌바 댄스를 알기 전, 나에게는 최악의 적이 있었다. 바로 나 자신이다. 지난 날의 나는 다른 사람을 이기는 것이 성공이라 생각했다. 그래서 빨리 제 풀에 지쳤고, 마음도 많이 다쳤다. 회복하기까지 꽤 오랜 시간이 걸렸다. 허나 지금은 안다. 어제의 나를 극복할 때 비로소 변화할 수 있다는 것을 말이다.

'이렇게 불행한 인생 살아서 뭐하나? 죽고 싶다.'

내게도 이런 생각을 했던 시절이 있었다. 나는 스스로를 온전히 사랑해줄 줄 몰랐다. 좋아하지 않는 일을 억지로 하는 것도, 제 자신을 괴롭히는 일이라는 걸 그땐 미처 알지 못했다. 모두가 다들 그렇게 살아가듯, 나도 그저 버티면 되는 건 줄 알았다. 줌바 강사를 하기 전, 직장을 다닐 때의 일이다. 사회경험을 쌓아보고 싶어서 들어갔던 직장에서 인생의 쓴 맛을 직격탄으로 맞았다. 적성에 맞지 않는 일과 직장 사람들의 눈치, 그리고 앞에서는 서로 웃으면서, 뒤로는 동료를 욕하는 사람들을 보며 극심한 회의감을 느꼈다.

'내가 이러려고 여기에 왔나? 난 도대체 뭘 위해 살고 있나?'

하루하루가 너무 고단했다. 월요일 아침이 가장 지옥이었다. 마치 매일 도살장에 끌려가는 소 같았다. 하루하루 영혼을 잃어갔다. 너무 힘든 나머지 지인들에게 속사정을 털어놓아봤지만 그럴 때마다 돌아오는 사람들의 대답은 나를 또 한 번 좌절시켰다.

"미래야, 너 대학교 졸업하고 프리랜서만 하다가 회사 정규직으로 들어간 거잖아. 경력도 없이 힘들게 얻은 직장인데 조금만 더 버텨봐. 직장만큼 꼬박꼬박 월급 나오고 안정적인 곳이 또 있을까?"

'타인은 지옥이다.'

철학자 사르트르의 말이 가슴에 와닿았다. 그때를 생각하면 '직장인은 현대판 노예다.'라는 김태광 작가님의 말도 뼛속 깊이 실감이 난다. 마음속으로는 사표를 수백 번도 더 썼지만 정작 행동으로 옮기기까지는 몇 달의 시간이 걸렸다.

단 하루도 행복한 적이 없었다. 하루하루 내 자신을 잃어가는 것만 같아 두려웠다. 밝고 긍정적이었던 내가 침울한 기분으로 축 처져 있는 모습이 어색했다. 어느 날부터는 집에 오면 하염없이 계속 눈물이 흐르기 시작했다. 그때 난생 처음으로 죽고 싶다는 생각을 했다. 한 달 내내 집에서 우는 게 일상이 되었다. 내 모습이 안쓰럽고 측은하기까지 했다.

내 심장을 다시 뛰게 한 운명적 만남

나는 회사 근처에서 헬스장에 다니고 있었다. 웨이트 운동이 몹시 지루하여 하루는 GX수업에 참여해보았다. 그때 줌바댄스를 처음 만났다. 그렇게 만난 줌바댄스는 마치 운명 같았다.

줌바를 하는 순간만큼은 현실을 다 잊고, 오로지 나에게만 집중할 수 있었다. 늘 복잡하던 머릿속이 잠시나마 비워질 수 있다는 사실이 기뻤다. 20명 남짓 되는 줌바 수강생들과 함께 음악에 몸을 맡긴다는 것은, 참으로 가슴 벅찬 일이 아닐 수 없었다. 그러던 어느 날, 줌바 선생님이 나를 조용히 부르셨다. 평소에 잘 없던 일이라 나는 궁금하면서도 의아했다.

"미래 씨, 줌바 자격증 따봐요. 미래 씨 정도면 그만 배우고 가르쳐도 될 것 같아요."

어느 때보다 반가운 선생님의 말씀이었다. 내 안의 욕망이 이글거리는 소리를 들었다. 선생님의 말이 떨어지기가 무섭게 주말을 이용하여 줌바 자격증을 따러 다녔다. 생애 처음이자 마지막일지 몰랐다. 그렇게 강렬한 전율은 처음이었다. 강사 선생님 두 분이 무대에 서 땀을 흘리는 모습에 나를 대입해보았다. 그리고 생생하게 상상했다. 많은 사람들 앞에서 줌바를 알려주는 내 모습을 말이다. 온몸이 부르르 떨리면서, 심장이 쿵쾅쿵쾅 뛰었다.

회사가 끝나고 우울한 기분이 들 때면, 밤새 줌바댄스를 연습하고는 했다. 그렇게 몇 달 내내 땀을 쏟고 몸을 움직이는 동안에는 눈물이 나를 비집고 들어올 틈이 없었다. 그간 눈물은 나에게 아무것도 남겨주지 않았지만, 땀은 내게 꿈의 결실을 맺게 해주었다. 어느덧 스스로에게 자신감이 생겨갈 때쯤, 자신 있게 사표를 던지고 나왔다. 그날의 해방된 기분은 말로 표현할 수 없을 만큼 벅차고 기뻤다. 나에게 진정한 자유를 선물하고 나서부터 스스로를 진정으로 사랑할 수 있게 되었다. 회사 다니면서 자괴감에 시달리며, 바닥을 치던 자존감. 줌바댄스로 자신감을 한껏 끌어올렸을 때였다. 가만히 있어도 저절로 일할 곳이 생겼다. 취미로 시작했던 줌바댄스가 진정한 직업이 된 역사적 순간이었다.

함께 땀을 쏟으며 서로를 응원하는 자리가 얼마나 행복한지 겪어보지 않은 사람은 모른다. 그것은 줌바댄스, 그 이상의 의미가 있다. 모든 것의 마지막은 결국 '마음'이다. 돈도 아니고, 처지도 아니고, 명예도 아니다. 결국 마음의 세계다. 살아온 환경도, 나이도, 직업도 다른 우리가 만나 한 공간 안에서 서로를 응원한다는 것이 얼마나 벅찬 일인지 아는가? 우리 안에서 오로지 공통분모는 줌바댄스뿐이다. 매일 저녁 같은 시간, 같은 공간에 모여 좋은 기운을 공유한다. 살이 빠져서 기쁜 회원님, 불면증을 극복해서 기쁜 회원님, 순발력이 좋아져서 축구 동호회를 세 개나 뛰신다는 회원님, 또 다른 자신을 발견했다는 회원님. 모두가 줌바댄스로 인해 행복한 변화를 경험하는 중이다. 줌바댄스는 놀이처럼 즐거운 일이다. 매일 저녁, 나에게 속삭이듯 말을 건넨다.

'사람들에게 밝고 건강한 에너지를 선물하는 게 내 임무야. 오늘도 신나게 즐기다 가자.'

오늘도 익숙한 음악을 켠다. 볼륨을 최대치로 끌어 올린다. 형형색색 조명도 켠다. 신나는 리듬에 몸을 맡긴다. 이 순간만큼은 나를 내려놓는다. 내가 나를 응원하는 방식이다. 매일 반복되어도 지겨운 줄 모른다. 땀과 열정을 쏟아낸다. 온몸으로 내 진심을 그들에게 표현한다. 그들도 온몸으로 받아들이고 표현한다.

이것이 우리가 줌바댄스를 추는 이유다. 매일 저녁 우리를 응원하는 방식이다. 줌바댄스 안에는 나와 그들의 삶이 고스란히 녹아 있다.

PART 2

원하는 것을 모두 이루는 7가지 비밀

01

당신을 믿어라

자신을 믿어라. 자신의 능력을 신뢰하라.
겸손하지만 합리적인 자신감 없이는 성공할 수도 행복할 수도 없다.

– 노먼 빈센트 필

관계의 아득함. 인간은 실로 간사한 존재다. 우리 인간이란 존재는 기쁨과 행복 속에서 깨달음을 얻지 못하는 시스템을 갖추고 있다. 시련과 고통이 있어야만 진정한 깨달음을 얻을 수 있는 존재다. 지독한 고통에 몸부림쳐봐야 하고, 수십 번 수천 번의 담금질을 거쳐야 비로소 성숙한 인간으로 거듭나게 된다. 그런 과정이 없다면, 그저 머물러 있음에 지나지 않는다. 고인 물은 썩는다. 물의 속성은 마음껏 흐르는 것이다. 흘러야 할 때 흐르지 못하면, 썩게 된다. 부패한다는 뜻이다. 인간도 똑같다.

다만 목숨을 잃어야 내 육체가 썩기 때문에 심각성을 느끼지 못하는 것뿐이다. 주위를 둘러보면 늘 그 자리에 안주하고 싶어 하는 사람이 많다. 안정적인 직업이 내 미래를 보장해줄 거라 철석같이 믿는다. 술자리에서는 직장생활의 어려움을 안주 삼아 술잔을 기울인다. 근본적인 해결은 하지 않은 채, 그저 오늘 하루 기분만 해결하려 든다. 상사와 다른 직원 욕을 하지 않으면 다행이다. 하지만, 내가 본 직장생활에서는 단 한 명도 직원 험담을 하지 않은 사람을 보지 못했다. 그 사람 앞에서는 하하, 호호 저 마다 웃지만 그 사람이 자리를 떠나는 순간 바로 그 사람 욕을 한다.

"○○ 씨는 하라는 일은 안 하고 너무 외모에만 신경 쓰지 않아?"

"○○ 씨, 회사 재무관리 하라고 맡겨놨더니 도무지 할 줄 아는 게 없어."

"○○ 씨, 요즘 이상한 것 같아. 전보다 말도 없고, 우리랑 밥도 같이 안 먹고 말이지."

정말 웃는 얼굴로 뒤에서는 칼을 들고 있었다. 나는 그런 직장생활에 이내 회의감을 느꼈다. 분명 내가 자리를 뜨자마자 내 욕도 할 것이 뻔했다. 그런 것이 두려운 것은 결코 아니었다. 그런 환경에 내가 머물러 있으면 그들과 똑같이 될 것이 뻔했다. 내가 아무리 검은 때를 묻히지 않으려 애써도 언젠가는 검은 물이 튀게 되어 있다. 환경은 그 정도로 중요하다. 온통 검은 무리들 속에서 하얀 내가 때를 묻히지 않기란 어려운 일이다. 그들은 시시때때로 나를 공격하려 혈안이 되어있고, 종국에는 그들 목표를 달성할 것이었다. 나만큼은 그들처럼 뒤에서 남을 욕하며, 허송세월을 보내고 싶지 않았다. 그 무리에서 나오는 게 최선책이었다. 조금 편해졌다 싶은지 내게 하나둘씩 딴지를 걸어오기 시작했다. 회사를 마치고 읽는 책 하며, 다른 사람들 휴가 쓰고 놀러갈 때 나는 안 쉬고 대회 출전한 것을 빌미로 계속 꼬투리를 잡기 시작했다. 처음에는 그저 웃어넘기려 했으나, 표정과 말투로 언짢은 티를 계속 내는 것이었다. 직장 다니는 내내 눈치를 봐야 했고, 마음이 많이 불편했다. 아는 지인이 운영하는 회사가 아니었다면, 이미 뒤도 안 돌아보고 나왔을 것이다. 나름대로 끝까지 버텨보는 것이 그를 위한 예의라고 생각했다. 그저 나만의 생각이었다. 이미 붕 떠버린 마음은 걷잡을 수 없이 요동쳤다. 하루빨리 회사를 나가고 싶어 하는 내 마음에서 비롯된 진심이 행동으로 나타나기 시작했다. 점점 그들과 거리를 두고 있었다. 누가 봐도 곧 회사를 그만두려고 작정한 사람처럼 은근한 메시지를 보내기 시작했다. 식사 자리나 회사 마치고 먹는 저녁식사 시간에도 참여하지 않았다. 사람들의 눈칫밥을 먹느라 이미 배가 부른 상태였다.

회사에 오고 나서 자존감이 참 많이 떨어졌다. 원하지 않는 일들과 시키는 일만 해야 하는 노예 같은 생활. 그리고 진정한 나 자신으로 살아갈 수 없을 것 같은 허탈함이 내 목을 조여 왔다. 사람은 있는 그대로의 자신으로 살지 못할 때 가장 비참해진다. 별것 아닌 것 같아도 정말 별 거다. 우리는 특별한 삶을 살기위해 이 세상에 태어났다. 왜 원치 않는 일들과 요구로 내 아까운 시간을 허비하고 있는가? 더 이상은 겸손이 미덕인 시대가 아니다. 잘하는 것은 잘할 수 있다고 마구 어필해야 세상이 나를 알아준다. 지나친 겸손은 오히려 자신감 없는 사람으로 평가된다. 내가 책을 쓰고 나서 온라인 마케팅이 아닌 오프라인 마케팅에 집중했던 이유다. 물론 온라인 시대에 살고 있지만, 가장 좋은 것은 사람끼리 얼굴을 대면하는 것이다. 책을 쓰고 나니, 내 자신에 대한 만족감과 자신감이 생겨 누구에게든 찾아가서 내 자신을 어필할 수 있었다. 부동산도 발품을 팔아야 가장 좋은 물건을 찾을 수 있듯이, 마케팅도 온라인보다 발품을 파는 것이 더 효과적이었다. 백번 메시지하고 전화하느니 한 번 얼굴보는 것만 못하다. 실제로 눈과 그 사람의 표정을 보고, 나도 확신이 생겨 더 강력하게 말할 수 있는 것이다.

책을 쓰고 나서부터 온전히 내 자신을 사랑하는 방법을 터득해갔다. 일상에서의 말투와 행동, 나의 잠재의식과 생각까지 모두 교정해나갔다.

나는 절실하게 내 인생을 바꾸고 싶었다. 실패로 점철된 내 인생의 여러 챕터가 결코 우연은 아닐 거라 장담했다. 분명히 나에게 문제가 있을 것이라고 직감했다. 아니나 다를까, 나의 작은 생각의 그릇과 두려움, 불안 이러한 감정들이 내 인생을 온통 갉아먹고 있었다. 나의 장점인 추진력과 열정이 바깥의 빛을 보려면, 단점이 될 만한 요소들은 다 제거해야 했다. 내 스스로에 대한 단점도 있었지만, 그보다 더 중요한 것은 사람정리를 해야만 했다. 내가 좋아하고 존경하는 성공자들은 그들이 만나고 싶은 사람만 만났다. 일에 필요한 사람 위주로만 자기 시간을 할애했다. 어떤 이는 이런 행동을 보고, 계산적이라 손가락질을 할지 몰라도 나는 그 사람들이 굉장히 똑똑하다고 생각했다. 그저 술잔을 주거니 받거니, 인생을 안주삼아 얘기할 수 있는 친구는 서로에게 도움이 안 된다. 카페에 앉아 하염없이 남편 욕을 하며, 아이 키우는 것에 대한 힘듦을 호소하는 주부들끼리 모임도 실제로는 서로에게 도움이 안 된다. 결국 가장 생산적인 일은 자기계발과 관련된 것들이다.

니도 사람인지라 이따금씩 외로움이 몰려들곤 한다. 스스로를 온전히 사랑하지 못했을 때에는 상대방에게 의지하고 기대려고만 했다. 그때부터 내 인생은 더 힘들어졌다. 기대한 만큼 상대방이 나에게 해주지 않았을 때는 이내 실망을 하며 화를 냈고, 상처를 스스로 만들어냈다. 마음과 다르게 행동은 그 사람을 밀어내고 있었다. 상처받기 싫어서, 날카로운 가시를 바짝 세운 고슴도치 마냥 내게서 떠나라고 했다. 내 마음 한쪽에는 '나를 붙잡아주길, 제발 내 마음을 한 번만 이해하고 헤아려주길.' 나를 감싸 안아주고 달래주길 바라는 어린아이 같은 울부짖음이 있었다. 자존심으로 인해 결코 바깥으로 꺼내지는 못했지만 말이다. 스스로를 사랑하는 방법을 모를 때는 상대방에게 사랑을 온전히 줄 수 없다. 내가 사랑을 줬다고 생각하지만, 그건 착각에 지나지 않는다. 스스로를 사랑할 줄 모르고, 혼자 있는 시간을 견디지 못하는 사람이 둘이 있을 때의 소중함을 어떻게 느낀단 말인가? 그래서 나는 온전히 외로워지기를 택했다. 고통 뒤에는 반드시 큰 축복이 따르리란 걸 믿고 있기 때문에. 나의 이 외로움이 다른 이들에겐 희망의 불씨가 될 것이다. 온전한 스스로의 담금질을 거친 깨달음을 한없이 나눠주고 싶다. 나는 아직도 더 성장하고 싶다. 더 크게 도약하고 싶다. 나를 사랑해달라 말하기 전에, 내가 나를 사랑하는 일이 먼저다. 오늘도 거울 속의 나에게 말을 건넨다. '미래야, 잘하고 있어. 너는 세상에 하나뿐인 특별한 존재야. 사랑해.'

가끔씩 자발적으로 나는 혼자가 되고는 한다. 사람들을 만나는 시간도 물론 좋지만, 나와 온전하고 조용히 보내는 시간도 즐긴다. 그 시간에 가장 많이 성숙되고 발전하기 때문이다.

많은 성공한 CEO와 기업가들, 특히 내가 존경하는 김승호 회장님과 켈리 최 회장님은 많이 걸으면서 좋은 아이디어를 창출하고, 오래된 생각을 걸러낸다고 했다. 물론, 명상도 따로 하고 계셨다. 거창하지는 않지만, 나를 위해 걷는 것도 나를 사랑하기 위한 방법 중 하나이다.

처음에는 100보 1,000보를 걷는 것도 힘들 게 느껴질 수 있다. 일단 발을 떼는 시도가 중요하다. 발을 떼다 보면 걷는다는 것 그 자체보다 주위의 풍경이 눈에 들어온다. 바빠 어디론가 향해가는 사람들, 골목에 앉아서 휴대폰을 들여다보는 사람들, 하하 호호 웃으며 지나가는 사람들, 형형색색의 잎을 띤 나무들까지. 처음에는 나 또한 왜 걸어야 하는 것인지 이해할 수 없었다. '걷는다고 과연 좋은 아이디어가 나올까?'라는 의문과 호기심도 많았다. 그러나 내가 직접 해보지 않으면 알 수 없는 것이다. 그저 발을 떼기 시작하자, 좋은 아이디어뿐만 아니라 기분도 상쾌해졌다. 매일 걷다 보니 하루에 2만 보도 거뜬히 걸을 수 있게 되었다. 어제는 시원한 바람을 맞으며, 예쁜 러시아 모델 네 명의 워킹도 구경할 수 있었다.

가로수 길에서 잘 나가는 가게들의 트렌디한 간판도 볼 수 있었다. 어떤 사물을 바라보는 시각을 조금만 바꾸면 세상 모든 것은 내게 기회의 창이다. 자신을 사랑하다 보면, 다양한 변화를 수용할 수 있게 된다. 내가 부족하고 모자란 부분도 밝고 긍정적으로 받아들이자.

나에게 솔직해지자. 도대체 무엇이 나를 행복하게 하는가? 사회에서 일반적으로 정해놓은 성공의 기준 말고 내 안에서 뭘 원하는지 들여다 보자. 그것을 성공의 기준으로 해서 내가 주도하는 삶을 살자. 걷다 보면 내가 진정으로 원하는 삶이 무엇인지 정리가 된다. 감정적이 아닌 이성적으로 나의 생각을 정리할 수 있게 된다. 어떤 일을 할 때 가장 행복했었는지, 그것이 많은 사람들에게 유익한 즐거움을 제공했는지, 결과에 연연하기보다 과정을 즐길 수 있는 일이었는지? 더 생산적인 질문을 스스로 하게 된다. 마치 사랑하는 연인을 처음 만났을 때, 그 사람의 모든 것이 궁금해서 질문이 끊이질 않는 것처럼. 이제 그 질문을 내게 던져보자. 매일 매 순간, 내 자신 안에 있는 위대한 존재의 힘을 믿자. 내 안에는 모든 지혜와 해법이 있다. 내가 아직 꺼내보지 않았을 뿐이다. 우리가 사는 세상에서는 모든 것이 순조로울 수 있다. 내가 나를 온전하게 사랑하게 되면 받을 수 있는 선물이다. 오늘도 나의 내면을 들여다보며 나에 대한 사랑으로 가득 채우자. 나는 내가 생각하는 것보다 훨씬 위대한 존재다. 나는 가치 있는 존재라고 믿자. 그것이 내가 행복해지는 첫걸음이다.

02

꿈을 이룬 모습을 글로 써라

삶의 목적은 자기계발이다. 자신의 본성을 완벽하게 실현하는 것,
바로 그 목적을 위해 우리 모두가 지금 여기 존재한다.

– 오스카 와일드

원하는 소원은 어떻게 이룰 수 있을까? 우리는 보통 소원이 있을 때,
'~이 되고 싶다.' 혹은 '~을 갖고 싶다.'라고 생각한다. 그런데 대부분은
단순히 일회성에 그치고, 그저 잊고 지내게 마련이다. 그만큼 우리는 일
상을 보내면서 수많은 정보들을 접하게 되고, 빠르게 시간을 보내기 때
문이다. 그렇게 우리의 소원은 생각의 바다에서, 일상의 바쁨에서 순식
간에 휩쓸려 가버린다. 그렇다면 바닷물에 나의 소원이 휩쓸려 가지 않
기 위해서는 어떻게 해야 할까? 우리의 뇌는 어떤 것을 반복하여 말할수

록, 그리고 어떤 것을 지속적으로 적을수록, 중요하다고 판단한다. 그리고 이 중요하다고 판단된 것을 무의식으로 떠올림으로써 소원을 끌어당기는 데 큰 역할을 한다. 이는 우리 뇌에서 일어나는 '호메오스타시스'라는 기능 때문이다. 호메오스타시는 균형을 유지하려는 성질인 항상성을 의미한다. 우리가 확신을 가지고 소원을 거듭 반복하여 확언하고, 소원을 직접 글로 쓴다면, 그 소원은 뇌에 명확하게 인식이 되고, 우리 뇌는 그 소원을 현실과 균형을 맞추기 위해 노력한다. 그 과정에서 자연스럽게 간절한 꿈을 현실과 가장 가깝게 만드는 방법들을 탐색하는 메커니즘을 거치게 되는 것이다. 그렇기에 자신의 꿈과 소원을 지속적으로 말해주고, 들어주면서 확언을 통한 반복이 중요하다. 지속적으로 소원을 글로 쓰는 것은 꿈을 이루기 위해 꼭 필요하다.

나에게는 여러 가지 종류의 노트가 있다. 이 다이어리들은 언뜻 보기에 단순한 일기장 같지만, 평범하지 않다. 나의 꿈과 버킷리스트를 적어놓은 미래 일기도 있고, 매일 하루 다섯 개씩 써나가는 감사일기도 있다. 그리고 일명 '웰씽킹 꿈 노트'라 하여 켈리 최 회장님의 유튜브와 강연을 들으며 배운 지혜와 내 생각을 정리한 노트도 있다. 그뿐만 아니라『시크릿』과『꿈꾸는 다락방』과 같이 전 세계적으로 유명한 저서의 내용을 그대로 따라 쓰는 필사노트와 나의 고민과 생각을 그대로 적어나가보는 의식

노트도 있다. 나는 간절히 이루고 싶은 소망이 있으면 끌어당김을 위해 미래일기장에 쓴다. 아주 구체적이고 즐겁게 쓴다. 내가 좋아하는 노트에 '미래일기'라 이름 붙이면 된다. 미래일기는 쓰면 쓸수록 내용이 구체화 된다. 예를 들면 '2030년 12월 26일, 나의 생일에 순자산 100억 부자로 등극했다.'라고 정확한 날짜와 수치를 기입하면 더 좋다. 이 방법도 모두 켈리 최 회장님의 강연과 유튜브에서 배운 지혜다. '~할 것이다', '나는~가 될 거야'가 아닌 현재 완료형 시제로 써야 하는 것이 가장 중요하다. 이미 이루어진 것처럼 끝에서 시작하는 것이다.

갈수록 구체화되는 나의 꿈은 결국 현실로 이루어진다. 내가 원하는 미래에 살고 싶다면 반드시 해야 할 것은 바로 끌어당김 일기를 써보는 것이다. 이것을 쓰게 되면 쓰는 대로 우리의 미래가 만들어질 것이다. 어떤 내용을 써도 상관이 없다. 불가능해 보이는 목표도 내 마음만 확실하고 끌어당길 자신감과 믿음만 있으면 된다. 원하는 돈의 액수, 경제적인 여유, 풍요, 갖고 싶은 차, 집, 가정의 행복, 사랑하는 사람과의 결혼 등 그 무엇도 상관이 없다.

내가 간절히 원하는 것을 쓰면 된다. 미래일기를 쓸 때 가장 중요한 포인트는 내가 바라는 상황이 이미 일어난 것처럼 적는 것이다. 즉 현재형, 미래형이 아니라 완료형으로 적는 것이다. 예를 들어, 큰 2층 집을 갖는 것이 꿈이라면 '나는 앞으로 좋은 집을 살 것이다.'가 아닌 '내가 그토록 바라던 큰 2층집을 가져서 행복하고 너무 감사하다.' 이렇게 그 것을 가졌을 때의 행복한 감정과 벅찬 나의 기분을 꼭 넣어서 적는 것이다. 또 다른 예로, 내가 사랑하는 사람을 만나 결혼을 하는 것이 꿈이라면 '이상형의 연인을 만나서 결혼하고 싶다.'가 아니라 '나는 이상형의 연인을 만나 행복하게 살고 있다.'라고 적는 것이다.

미래일기의 핵심 포인트는 이미 받았다고 확신을 가지고 말하는 것이다. '내가 받을 수 있을까?' 하는 이런 불안한 의심과 걱정들은 소원을 끌어당기지 못하게 만들기에 이미 받았다고 생각하고 굳게 믿는 것이 아주 중요하다. 끌어당김 일기를 미래에 일어날 이력서처럼 써도 아주 좋은 방법이다. 『50년 후의 약속』을 쓴 작가 이원설은 끌어당김의 일기를 잘 활용한 사례이다. 아래는 이원설 작가가 실제로 쓴 끌어당김 일기의 일부이다.

'나는 1960년에 박사학위를 받는 것으로 되어 있었다. 비록 일 년이 늦었지만, 그 비전은 실제로 성취 되었다. 나는 34살에 한국 문교부의 고등교육국장이 되었으며 39세가 되던 1969년부터 이미 단과대학 학장으로 일하기 시작했다. 그리고 51세에 모 대학교 부총장이 되었고 54세는 다른 종합 대학의 총장이 되었다. 꿈의 실현은 내가 글로 적은 비전보다 여

러 해 앞당겨진 것이다.'

　이렇듯 자신이 만들고 싶은 미래를 이력서처럼 최대한 구체적으로 자유롭게 쓰는 것도 아주 좋은 방법이다. '나는 몇 살에 무엇 무엇이 되고, 어떤 것을 하였다.' 이러한 방법으로 자신의 어떤 꿈을 성취하고 싶은 나이와 구체적인 목표들을 적으며 실제로 이루어졌다고 믿으면 된다. 막연하고 추상적이기만 했던 나의 꿈들을 구체적으로 변화시킬 수 있는 힘은 내면의 확신과 믿음에서 비롯된다. 추상적인 꿈은 나에게 오기 힘들다. 막연하게 부자가 되고 싶다고 하면 너무나 추상적인 목표이기 때문에 자신의 마음에 크게 와닿지 않는다. 내 자신이 무엇을 해야 할지도 모른다. 아무런 이정표나 나침반이 없는 상태의 꿈이기에 그 꿈이 이루어지기는 거의 불가능에 가깝다.

　반면에, 구체적인 꿈은 완전히 다르다. 구체적인 수치화로 작성된 꿈은 내가 어디로 가야 하는지 알려주는 나침반을 가진 것과 같다. 내가 어디로 가야 되는지 이정표가 곳곳에 마련된 것과 같은 효과이다. 그것들을 보면서 우리는 나아갈 수 있는 힘을 얻고, 점점 그 꿈에 가까워질 수 있다. 그리고 무엇보다 그 꿈을 끌어당기기 위해서라도 구체적인 꿈은 꼭 필요하다. 끌어당김의 핵심은 머릿속에 자신의 꿈을 그리는 구체적으로 상상하는 것에 있다. 추상적인 목표를 심상화하려고 하면 잘되지 않을뿐더러 그 방향을 못 잡게 되어 나의 배가 바다 한복판에서 덩그러니 길을 잃은 것과 같다. 반면에, 구체적인 수치화가 되어 있는 목표는 머릿속으로 상상하기 쉽고, 더욱 자신이 원하는 것을 명확하게 인지함으로써 실제로 자신의 현실에 꿈을 끌어당길 수 있게 된다. 바다 한복판에 배가 정처 없이 떠돌고 있는 것이 아니라, 배에 모터가 달려 있고 어디로 가면 되는지 방향을 알고 있는 것과 같다.

이런 이유들 때문에 미래일기를 쓸 때에는 반드시 구체적인 목표를 수치로 적어야 한다. 어쩌면 간단해보이고, 효험이 없어 보일 수도 있다. '에이, 이렇게 한다고 과연 되겠어?', '적어서 다 이뤄질 것 같으면 이 세상에 가난한 사람이 왜 있냐?' 이렇게 반문하는 사람들이 있을 것이다. 그들은 이 삶의 진정한 비밀에 대해 알지 못하는 사람이다. 1%의 의심이 99%의 가능성을 망친다. 순수 농도 100%의 믿음으로 우리는 나아가야 한다. 매일 목표를 수치화해서 글로 적고, 매일 아침과 저녁으로 명상과 확언을 하며 나만의 영화를 만들어야 한다. 이것은 실로 놀라운 힘이 있다. 내가 원하고 바라는 미래를 뇌 속에 단단히 각인을 시켜줌으로써, 더욱 강력한 끌어당김을 만들어내기 때문이다. 이것은 나의 소원을 끌어당기는 최고의 방법이자 인생의 위대한 비밀이다. 지금 바로 나만의 미래일기장을 만들자. 어떤 노트든 상관없다. 바로 시작하자. 구체적이고 반복적으로 하루에 10번 쓰기로 시작해서 하루에 100번 쓰는 것도 충분히 이룰 수 있다. 실제로 『김밥 파는 CEO』의 저자이자, 조 단위 자산가 김 승호 회장님도 목표를 매일 100번 동안 적으셨다고 한다. 그분의 제자인 『파리에서 도시락을 파는 여자』와 『웰씽킹』의 저자, 7,000억 자산가 켈리 최 회장님 또한 매일 꿈을 100번씩 적고, 시각화와 명상을 꾸준히 했다 고 한다. 지금도 시각화의 구체적인 방법과 꿈을 이루는 법에 대해 강연 을 해주고 계신다. 나는 20만 원이라는 금액을 지불하고, 그 강연에 참석 하기도 했다. 심리 최면 전문가, 박세니 선생님을 통해 김승호 회장님을 직접 만나 뵌 적도 있다. 김승호 회장님은 주로 해외에 있으시고, 일반인 들은 만나기 쉽지 않은 분인데, 이 또한 내가 상상하고 끌어당긴 것이다. 혼자 하는 끌어당김보다 여러 사람이 동시에 함께하면 더 효과가 배가 된다. 그 당시 박세니 선생님의 센터가 분당에 있었다. 때마침 나도 분 당에 살고 있었다. 우연히 박세니 선생님의 1일 특강을 듣게 되고 난 후, 유익해서 몇 번 더 수강했었는데 때마침 김승호 회장님이 한국에 방문 하신 타이밍이었다. 박세니 선생님과 그의 제자 분들, 그리고 나까지 모 두 회장님을 만나 뵐 수 있길 소망했다. 그 강렬한 소망으로 인해 모두가 그 분의 인스타그램에 댓글을 남겼다. 꼭 박세니 선생님의 강연장에 왔 으면 좋겠다는 구체적인 소망과 회장님이 오셨을 때의 기쁜 소감을 미리 적었던 것이다. 아직도 인상적이었던 기억은 박세니 선생님께서 가장 먼저 그 댓글을 남겼다는 것이다. 엄청 구체적이면서도 정성이 가득 담겼던 댓글로 기억한다. 나 또한 성공자분들의 얘기에 귀 기울이며 바로 따라 실행했다. 그래서 결국 원하던 끌어당김을 성취할 수 있었다.

여러분의 꿈은 반드시 이루어질 수 있다. 매일 나의 꿈을 떠올리고 확신하며 이루어질 때까지 적을 수 있다면 말이다. 여러분은 반드시 할 수 있다. 왜냐하면 게으르고 의지박약이었던 나 또한 이뤄내고 있기 때문이다. 이 책은 내가 『시크릿』 책을 27번째 읽으며 책의 내용을 실험해보고 연구하던 찰나에 쓴 것이다. 원고를 다 완료할 때쯤이면 60번을 완독할 수 있으리라는 자신감이 있다. 원하는 것을 한 번 이루고 나면, 2번, 3번, 10번, 100번은 더 쉬워지기 때문이다. 켈리 최 회장님이 60번 읽으셨다던 그 책이 바로 『시크릿』이다. 전 세계적으로 유명한 베스트셀러이다. 이 책의 구절을 매일 필사하며, 하루도 빠짐없이 이론을 믿었다. 믿는 것으로는 모자라서 실천을 해보며, 주위 사람들까지 감화시켰다. 그래서 지금 나는 원하는 나의 이미지상과 만나고 싶은 사람, 하고 싶은 일, 그리고 원하던 수입까지 모두 달성하고, 새로운 목표와 프로젝트를 구상중이다. 다음 꼭지에서 프로젝트의 성공 과정과 내 모든 생각과 행동을 낱낱이 공개하겠다. 많은 사람들이 삶의 비밀을 알고 더 행복하고 창조적으로 살기를 바라는 마음에서 이 책을 썼다. 정상에서 만납시다!

03

당신이 성공했다고 인정하라

그릇 속 효모 하나가 밀가루를 발효시키듯
오늘 시작한 작은 행동이 내 모든 것을 변화시킬 것이다.

– 마리아 반 아이크 맥케인

  가진 것이 없다고 할 수 있는 것이 없는 것이 아니다. 남은 삶을 위해
새로운 꿈을 찾아보자. 긍정적인 태도로 자신을 바라보자. 그 꿈에 집중
하는 것이야말로 삶을 변화시킨다. 나의 꿈, 씨앗이 새 움을 틔우고, 꽃
을 피워 튼튼한 열매를 맺는 순간을 그려본다. 꿈을 구체적인 삶의 목
표로 설정할 때는 스스로 묻고 대답해본다. 내가 인생을 살아가는 목적
과 최종적으로 성취할 목표는 무엇인가? 남과 다른 나의 장점과 잠재력
은 무엇인가? 대부분의 사람은 해보지도 않고, 남을 평가하는 것을 잘한

다. 예를 들면, 춤을 춰본 적도, 배워본 적도 없는 사람이 힙합은 어떤 느낌으로 춰야 하고, 그 음악에는 그런 춤의 느낌이 아니라는 둥 함부로 타인의 재능을 예단하는 것이다. 나는 내가 해보지 않은 일에 대해서는 그에 대해 왈가왈부하지 않는다. 대신 해보고 나서 그 느낌을 나의 주관적 평가라고 꼭 덧붙여 말해준다. 나에게 좋은 약이 꼭 다른 사람에게도 효험이 있으리라곤 장담할 수 없다. 직접 겪어보고 나서야 내게 맞는지 맞지 않는지 알 수 있다. 나의 장점은 실행력이 좋다는 것이다. 생각한 것을 바로 바로 해야 직성이 풀리는 성격이다. 그래서 추진력이 좋다는 평이 무성하다. 무조건 해보고 나서 결과를 논한다. 그래서 보통의 인물보다 크고 작은 실패를 많이 해보았다. 20대 시절에 큰 사기 두 번과 여러 번의 낙담, 회사에서 잘릴 뻔한 경험과 실제로 잘려보기도 하고, 지독한 우울증을 몇 년 동안 겪기도 했다. 그럼에도 그 실패가 후회되지 않고, 자랑스러운 이유는 딱 하나다. 많은 성공자분들이 입을 모아 하나같이 하시는 말씀이 있다. "실패해도 괜찮습니다. 내가 무언가를 시도했다는 증거입니다. 젊을 때 많이 실패해봐야 내공이 생깁니다. 반면 실패를 해보지 않은 사람은 시도를 해보지 않았다는 증거입니다. 앞으로 더 많은 실패가 남아 있다는 암묵적인 뜻이기도 하죠." 내가 존경하는 많은 성공자분들도 난독증에 말더듬이, 저학력에 무스펙인 과거가 있었다. 그래서 그 성공이 훨씬 더 빛난다. 남들보다 엄청나게 열악한 조건 속에서 그 상황을 극복했다는 것은 실로 존경받아 마땅한 일이다. 나 또한 렌트카 사기로 진 빚 1억 2천만 원과 주식투자로 날렸다가 다시 되찾아낸 2천만 원. 5년 넘게 지속되던 우울증, 차가 180도 회전해서 산 아래로 떨어질 뻔했던 경험 등 무수히 많은 시련이 있었다. 어린 나이에 친했던 친구의 죽음도 받아들여야 했고, 치어리더를 하면서 한 달에 100만 원도 채 못 벌던 시절에 대학로 인근의 여성전용 고시텔에 살았다. 그 시절에 가장 부모님 원망을 많이 했던 것 같다. 밤만 되면 옥상에 올라가 별과 달을 보면서 울었다.

'이렇게 힘들게 살게 할 거면 나를 왜 낳은 걸까?' 죽고 싶은데 죽을 용기도 없었고, 살 의욕은 더 없었다. 한숨과 신세한탄이 끊임없는 나날의 연속이었다. 혼자서 울고 통곡하는 것도 모자라 아버지에게 힘들다고 살기 싫다고 매일 푸념을 늘어놓았다. 그 당시 아버지의 마음은 얼마나 미어졌을까? 지금도 여전히 미안하고 죄송하다. 그래도 속 썩인 만큼 더 잘해드리자는 생각으로 지금은 사랑이 듬뿍 담긴 응원과 칭찬을 건넨다. '히이 리스크, 히이 리턴'의 인간상을 내가 보여드릴 것이다. 아무튼 여성전용 고시텔에서의 삶은 정말 살아도 사는 것 같지 않았다. 그래도 끝까지 내 이야기를 들어주며, 인내해주신 아버지 덕분에 지금의 내가 있지 않나 싶다. 그 점이 지금도 참 감사하다. 외모뿐만 아니라, 내면과 정신도 많이 바뀌었다. 아버지가 내게 '인조인간'이라고 놀릴 정도니 말 다 했다. 정신 개조까지 해버렸으니 나는 진정한 인간 승리자다. 그래서 나의 잠재력은 잘못된 점을 바로 인정하고, 사과하며 바로 고치려 한다는 점이다. 실제로도 고친 나쁜 습관들이 엄청 많다. 부정적인 단어를 쓰는 것, 명령조로 말하는 것, 남 탓, 세상 탓, 부모 탓 하는 것, 욱해서 화내는 것, 화나면 아무렇게나 막말 뱉는 것, 성급하게 말하는 것, 남과 나를 비교하는 것, 자만하며 교만한 것 등 안 좋은 습관을 다 버렸다. 이로써 나는 다시 태어난 것이다.

몇십 년 뒤, 미래의 당신 모습은 어떠할까? 상상으로 미래일기를 적어 보자. 나는 2019년 출간한 공동저서 『버킷리스트 20』에서 이렇게 적었다. 전 세계의 5성급 호텔을 다니며 강연과 집필을 하는 세계적인 베스트셀러 작가가 되자고. 내 꿈은 이미 이루어진 것처럼 생생하다. 나는 2층 집의 디자인과 내부구조, 나만의 전용기, 내가 좋아하는 차, 나의 이상형 배우자, 갖고 싶고 하고 싶은 것, 되고 싶은 것 모두 보물지도로 만들어 놓았다. 이제 그것을 이루기까지 시간차가 있기에 소망하며 잘 기다리면 된다. 당신은 모든 목표가 구체적인가? 지금 구체적이지 않다면, 다시 수정하고 계획하면 된다. 의식적인 노력을 계속하면서 바라는 것이 이루어 졌을 때의 '기분'과 '느낌'에 초점을 맞추어야 한다. 질문에는 강력한 힘이 내재되어 있다. 급하게 답을 찾으려 애쓰지 않아도 된다. 가슴 깊은 곳에서 울림이 없다면 내일, 그리고 또 그다음 날 계속 물어보면 된다. 시간이 소요될 수도 있다. 꿈을 정했다면, 스스로 삶의 주인이 되기 위한 첫 단추로 보물지도를 만들어보자. 누군가에게 휘둘리지 않고 주도적인 삶을 꾸릴 수 있도록 준비하는 출발점이 될 것이다. '보물지도'를 그리면 관념 속에 갇혀 있던 꿈이 눈앞에 현실로 다가온다. 보물지도는 꿈을 찾아가는 길을 표현한 시각적 결과물이다.

'시각화'를 하면 꿈을 잠재의식 영역에 저장할 수 있고, 꿈에 대한 복잡한 생각을 간결하게 정리할 수 있다. 또, 꿈에 대한 동기부여가 추진되어 꿈을 오랫동안 내 곁에 붙잡아둘 수 있다. 꿈을 품고 있지만, 꿈을 성취해내지 못한 사람들은 꿈에 대한 최종 결과만을 생각하는 경우가 많다. 그렇다면, 어떻게 해야 꿈을 실현할 수 있을까? 최종 결과와 함께 중간에 거쳐야 하는 주요 경유지를 미리 상상하면 된다. '보물지도'를 제작하는 이유는 궁극적으로 꿈을 달성하기 위해서이다. 삶은 부여받은 것이 아니라 만들어가는 것이다. 의식의 창조 없이 삶은 결코 확장될 수 없다. 꿈에는 힘이 있다. 나는 내 삶의 주인공이다. 나는 내 삶의 목표를 놓치지 않고 살아가기로 선언한다. 나는 반드시 그 일을 해낸다. 나는 모든 일을 현명하게 선택한다. 나는 열정과 끈기를 가지고 있다. 나는 내 삶을 행복하게 만들 수 있는 그 일에 집중한다. 나는 다양한 경험으로 두려움 없이 목표에 도달한다. 나는 나의 꿈을 키워간다. 나는 꿈 지도를 통해 목적지까지 가는 길이 편하다. 나는 꿈을 찾아가는 여정이 즐겁다. 당신도 여정이 즐겁고 재밌기를 바란다. 나의 꿈을 열망하면서 입버릇처럼 주문을 외우다 보면, 꿈으로 향하는 생애 궤적이 현실의 흔적처럼 다가오는 순간을 맞이한다. 꿈을 성취해 가족 모두 행복한 삶을 살고 있다. 나는 건강과 삶의 품격을 유지하고 있다. 여러분도 본인이 원하는 인생을 잘 살 권리가 있다. 삶의 행복은 항상 우리의 내면에 존재한다. 스스로를 가치 있게, 빛나는 보석으로 만드는 것은 내면의 빛이다. 최선의 이상을 추구하고, 남의 조언보다는 나 자신의 지혜를 따른다. 내가 옳다고 생각하는 방법으로 일을 처리하되, 만나는 모든 사람을 존중하도록 하자. 나라는 에너지는 세상에 주는 선물이다. 풍요를 창조하는 방법은 내면의 행복을 먼저 추구하는 것이다. 풍요를 신속히 얻는 비결은 이미 성공했다고 확신하는 데서 출발한다. 지금 내가 할 수 있는 영역을 계속 넓히고, 체력과 비전을 가진 것에 감사하며, 자신을 사랑하는 마음을 가져야 한다. 내가 할 수 있는 영역이 청소 혹은 독서, 운동이 될 수도 있다. 그리고 나는 이미 성공한 사람이라는 점을 되새겨야 한다. 성공의 기쁨은 목표를 이뤄야만 누릴 수 있는 것이 아니라, 당장이라도 만끽할 수 있다. 지금껏 내가 이룬 것이 무엇인지 생각해보자. 작은 것이라도 상관없다. 성공이란, 지금 이 순간 성공을 누리는 것에서부터 비롯된다. 미래에 원하는 대상을 성취했을 때라야 느낄 수 있는 것이 아니다. 거액을 손에 쥔다고 해서 성공한 기분이 드는 것은 아닐 수도 있다. 갑부도 자신에게 감사하지 않고, 내면의 평안을 누리지 못하면 스스로 성공했다고 자부할 수 없다. 즉, 은행계좌 잔고가 얼마 있으며, 어떤 집에 살고, 어떤 차를 타느냐에 성공을 가늠할 수 없다. 진정한 성공이란 적당한 경제적 여유를 갖고, 부정적인 관념을 나의 긍정적인 신념으로 바꿀 수 있으며, 두려움에서부터 자유로운 것이다. 또한 내 마음이 가고 자꾸 애착이 가는 일을 하는 것이다. 나의 능력을 발견하고 개발하는 것을 의미하는 것이 성공이다. 지금의 처지에도 감사해야 한다. 얼마나 더 가야 하는지에 중점을 두지 말고, 지금껏 달려온 나의 거리와 위치에 고마움을 느껴보자. 장기적인 목표가 있다면, 이 계획을 성취하기 위해 계획을 몇 단계로 나누고, 이 단계를 이룰 때마다 자신을 축하해주도록 하자. "축하해. 미래야! 잘했어! 너의 목표를 위해 멀리도 달려왔구나. 아주 잘했어!" 작은 목표를 달성했을 때에도 자신에게 상을 수여하고, 다음 목표로 다시 나아가는 것이다. 방금 오른 산을 감상할 여유도 없이 하산하려는 사람들이 있다. 이들은 자신이 추구하는 만족감을 결코 누릴 수 없을 것이다. 나의 성공을 내가 먼저 인정해야만 한다. 그래야 이를 토대로 또 다른 성공을 계속 이뤄낼 수 있다. 과거와 현재, 그리고 미래. 어느 시점에서 보아도 나는 성공한 사람이다. 과거의 성공했던 기분이 들었던 때를 떠올리고, 당시의 상황과 기분을 되새겨보는 것도 좋다. 성공했던 장면을 더 자주 상기할수록 미래에 더 많은 것을 창조할 수 있다. "나는 성공한 사람이야!"라는 외침이 내 자신의 기분을 좋게 만든다. 스스로 해주는 말의 마지막에 '성공'을 부여해보자. 영원토록 내 안의 빛을 영롱하게, 오래도록 밝히기로 하자.

04

매일 아침 처음 한 시간을 성공하라

나는 새벽이 세계가 로그인하기 전에 밀린 소식을 따라잡고
이메일에 답장하기 좋은 시간이라고 생각한다.
이 시간이 나를 새롭고 체계적으로 하루를 시작할 수 있도록 만들어준다.

– 리처드 브랜슨

세계적인 명사 64명에게는 위대한 아침 습관이 2가지 있다는 것을 알고 있는가? 블루보틀 창업자, 포춘지 편집장, 20세기 폭스 전 사장, 경제학자, 신경과학 박사, 소설가, 예술가 등 세계적으로 성공한 사람으로 평가받는 아침 습관은 모두 각양각색이었다. 그 안에 딱 2개의 공통점이 있었다고 한다. 첫째, 이들에게는 오랫동안 지켜온 아침습관이 있었다. 둘째, 64명 모두가 이런 말을 했다. "아침은 내 하루의 성패를 좌우한다. 따라서 일하는 시간보다도 차분한 아침 1시간이 더 중요하다." 성공한 사람

64명 가운데 눈을 뜨자마자 스마트폰을 열어보는 사람은 단 한 명도 없었다고 한다. 성공하는 사람들은 결코 아침 시간을 그냥 흘려보내지 않는다는 뜻이다. 원하는 삶이 있다면 아침 시간을 나에게 맞도록 디자인해야 한다. 내가 가장 소중하다고 생각하는 일에 아침 시간을 써야 하고, 그 시간이 하루의 중심축이 되어야 한다. 아침에 몇 시에 일어나는가는 중요하지 않다. 아침 6시이든, 아침 9시이든 시간이 중요한 게 아니다. 일어난 뒤 첫 1시간이 그날 하루의 분위기를 결정하므로 나에게 가장 중요한 일에 써야 하는 것이다. 우리의 삶은 소중하기 때문에 좋은 아침 습관은 성공하는 인생으로 나를 이끌어줄 것이다.

나 또한, 실패를 거듭해서 지금까지 온 만큼 아침에 일어나는 일이 지옥과도 같을 때가 많았다. 늦게까지 핸드폰을 만지거나 책을 보다가 에너지를 다 쏟은 새벽에야 잠이 들고는 했다. 다음 날 아침도 허둥지둥 일어나서 아침 출근을 했다. 내 생애 가장 힘들었던 직장 다니던 시절에 말이다. 매일 아침 팀장님과 사원들의 눈치를 보며 일해야 하는 직장 생활은 나에게 고문과도 같았다. 좋아하는 일을 해도 아침에 눈이 떠질까 말까인데 맞지 않는 일을 생계를 위해 억지로 하고 있으니 말이다. 지금 생각하면 소중했던 나의 아침시간에게 참으로 미안한 일이다. 아침에 겨우 일어나 몸을 일으키고 '아, 일하기 싫다.' 이런 생각으로 출근을 하면 그

날 하루가 어떻게 될 것 같은가? 안 봐도 뻔하다. 의욕이 없기 때문에 주어진 일에도 최선을 다하지 못하게 된다. 직장 사람들과의 관계도 불 보듯 뻔하다. 눈치와 눈치의 연속이다. 아침에 지각이라도 하는 날이면, 하루 종일 눈치 보느라 시간이 다 간다. 늦은 만큼 더 열심히 할 생각을 하면 되는데 그때 당시에는 그런 생각조차 없었다. 어떻게든 일을 빨리 끝내고 집으로 가고 싶은 생각만이 굴뚝같았다. 온통 그런 생각뿐이니 일의 성과가 나지 않는 것은 물론이고, 하루하루가 고역이었다. 상황 탓과 남 탓은 어찌나 잘하는지 그런 마음가짐으로는 잘될 일도 안 되었다. 불평과 불만, 불안을 안고 살아가던 직장 생활 시절에 어떤 일이 있었는지 낱낱이 말해주겠다. 나의 치부와도 같지만 여러분에게 동기부여를 해주기 위해 공개한다.

저녁 늦게까지 이 생각, 저 생각 잡념에 빠지다가 새벽 늦게 잠이 들었다. 다음 날은 주말이었음에도 회사 직원들과 워크숍에 가기로 약속이 되어 있었다. 이런 기분과 몸 상태로는 도저히 워크숍에 갈 수 없을 것 같았으나, 차마 못 가겠다는 말이 나오지 않았다. 또 눈치를 보고 있었던 것이다. 팀장님께서 아침 10시까지 회사 앞에서 모이자고 하여, 그 당시 내 차가 있었기에 나의 차로도 직원들과 함께 가고 싶다고 했다. 그래서 차를 찾으러 나의 집 주차장으로 갔는데 차가 없었다. 지하 3층부터 지상까지 모두 둘러보았으나 차는 보이지 않았다. 그렇게 20여 분가량 차를 찾다가 제풀에 지쳤다. 차가 도난당한 것은 아닌지, 어떻게 된 것은 아닌지 알 겨를이 없었다. '경찰에 차가 도난당했다고 신고를 할까? 어떻게 해야 되는 거지?' 이런 일은 난생 처음이라 나도 이런 내 자신이 어이가 없었다. 머리가 지끈거리며 아파 오기 시작했다. 결국 나는 워크숍 가는 것을 포기했다. 팀장님께 차를 잃어버려서 못 갈 것 같다며 자초지종을 말씀드리고 죄송한 마음을 전했다. 어쨌든 약속을 지키지 못한 것이었다. 죄책감과 미안함으로 온통 도배되어 있는 마음도 잠시, 그 당시에 쓸데없는 고민과 생각들로 밤잠을 설치느라 늘 피곤하고 퀭한 눈으로 있었다. 걱정이 걱정에 꼬리를 문다고 했던가? 긍정적인 방향으로의 생각이 아닌 부정적이면서도 불안이 가득한 생각이 온통 머릿속을 지배하고 있었다. 그런 생각과 마음으로는 될 일도 안 되었다. 실제로 직장생활을 하며 겪지 않아도 될 수난을 다 겪었던 것 같다. 내 마음가짐과 태도가 현실 상황을 반영한 것이었다. 차는 회사 지하 주차장에 있었다. 온갖 잡생각으로 도배를 하느라 차를 어디 세운지도 잊어버렸던 것이다. 전날 오전 출근 시간부터 다음 날 아침까지 세워져 있어서 주차요금은 자그마치 20만 원 가까이 나왔다. 회사의 건물은 주차 등록을 하지 않으면, 주차비가 워낙 비싼 건물이었다. 다른 직원 분들의 차를 우선적으로 등록해놓느라, 나의 주차는 등록을 할 수 없는 상태였다.

직장인에게 20만 원이란 엄청나게 큰돈이라는 것을 알 사람은 다 알 것이다. 정신을 차리고, 주차요금 정산 사무실로 갔다. 그와중에 그런 배짱은 있었던 모양이다. 이 건물에 일하는 직원이라고 말씀을 드리고, 3분의 1 주차비의 가격으로 주차권을 구매했다. 미리 주차권을 구매했더라면 이러한 불상사는 없었을 것이다. 그 주차비로 정산을 하고, 차를 타고 나오는데 참 허탈했다. '내 인생이 대체 어디서부터 이렇게 꼬인 거지?' 바람 잘 날이 없었다. 혼자 있는 시간에도 온통 걱정과 불안함으로 시간을 보냈다. 찬란한 미래란 생각조차 할 수 없었다. 당장 먹고사는 것이 급했던 시절이었다. 세상에 아무도 나를 도와주지 않는다는 생각으로 점점 더 혼자 고립되었다. 사람들 만나는 것도 싫었고, 내 자신이 숨 쉬는 것조차 싫었던 것 같다. 내가 나를 사랑하지 못하는 데 누가 나를 사랑해주겠는가? 스스로를 괴롭히고 함부로 대하니 타인들이 나에게 잘해줄 수가 없는 이치는 똑같다. 어느 순간부터 나는 감사함을 잊어버리고 살았다. 감사한 일들을 잊고 사니 감사한 일이 일어날 수가 없었다. 돌이켜보니, 내가 제일 행복했던 시절은 스스로에게 만족하고 감사하며 살던 때였다. 그때의 내 모습이 가장 빛이 났다. 내가 나를 온전히 사랑하면서부터 사람들과의 관계도 좋았던 것이다.

며칠 전, 도산공원에 산책을 가다가 길 한복판에서 소리를 꽥꽥 질러

대는 여성 운전자를 보았다. "아저씨가 안 비키니까 지금 사람들 다 이렇게 줄 서 있잖아요! 당장 차 빼세요! 차 빼라고!!!" 미간을 온통 찌푸린 얼굴로 아버지뻘 정도 되는 택시 운전기사님께 삿대질을 하고 있었다. 그 모습을 보니 안타까웠다. 많은 사람들은 웅성웅성거리며 그곳을 지나다닐 뿐이었다. 택시 운전기사님은 오히려 더 강력하면서도 꿋꿋하게 그 자리를 지키면서 얘기했다. "아줌마가 그런 식으로 말하니 더 비켜주기 싫네. 계속 해봐요." 지난날의 내 모습을 보는 것 같아 갑자기 부끄러워졌다. 내 마음대로 안 되면 소리를 지르면서 악을 썼던 적이 있었다. 여섯 살 때 장난감을 안 사주면 길바닥에 누워 온몸으로 시위를 하는 내 모습을 보고 아버지가 경악했던 시절이 있었다. 지금은 웃으면서 이야기하지만 그런 태도로는 원하는 것을 얻을 수가 없다. 오히려 더 역효과가 날 뿐이다. 그 여성분을 보며, 그 여성분이 나쁘다고 생각하지는 않는다. 그저 어딘가 마음이 아픈 사람일뿐이다. 왜냐하면, 나 또한 정신과 마음이 힘들었던 시절에 했던 행동이기 때문이다. 조금 측은하면서도 안타깝다는 생각이 들었다. '저런 분들을 내가 컨설팅으로 치료해주면 참 좋겠다.' 어쩌다가 저렇게 된 것인지 이유나 자초지종을 듣고 싶었다. 그녀도 그러고 싶어서 그러진 않았을 텐데. 도산공원을 지나오면서 10분이 넘는 시간까지도 그녀의 목소리는 계속 들렸다. 어찌나 목소리가 큰지 도산대로가 온통 쩌렁쩌렁 울렸다. 정작 다른 사람들에게 피해를 준 것은, 택시

기사님이 아니라 여성 운전자분이었다. 본인이 많은 사람들의 길을 가로막고 있다는 것은 꿈에도 모른 채 말이다. 그녀의 아침은 어땠을까? 아마 불 보듯 뻔하다. 전날 밤, 온통 걱정과 불안으로 점철된 하루를 보냈을 것이다. 그런 밤을 보내고 난 후의 아침은 개운할 리 없을 것이다. 아침의 하루가 그날 전체의 기분과 상황을 좌우한다고 해도 과언이 아니기 때문이다. 스스로가 깨닫지 못하면 같은 삶은 다람쥐 쳇바퀴처럼 도돌이표를 찍을 뿐이다. 똑같이 차가 막히는데도 불평과 불만을 표시하며 화풀이를 타인에게 하는 사람이 있는 반면, 차가 막힌다는 상황을 받아들이고 차에서 흘러나오는 음악이나 은은하게 불어오는 바람, 아름다운 풍경으로 눈을 돌리는 사람이 있다. 똑같은 감옥 안에서도 누군가는 창문의 쇠창살을 보고, 누군가는 해와 달과 별을 본다.

결국 인생은 태도와 마음가짐의 차이다. 그 태도와 마음가짐은 아침을 어떤 마음으로 시작하느냐, 어떤 생각으로 하루를 시작하느냐에 달려 있다. 나 또한 세상 탓을 하며 스스로를 힘들게 했을 적에는 아침에 눈 뜨는 일이 고역과도 같았다. 침대에서 뒹굴어봐야 아무짝에 쓸모 있는 일은 하나도 없었다. 계속 무기력해지기만 할 뿐이었다. 쉬는 것도 적당한 시간과 마음의 여유를 느낄 정도만 하면 된다. 그 이상 지나치게 되면 오히려 더 쳐지고 무기력해지는 상황이 찾아올 뿐이다. 실제로 잠을 8시간 이상 오래 자면 몸과 머리는 더 무거워지는 현상을 느꼈다. 머리가 둔해지면서 하루가 멍하니 흘러간다. 그런 날은 열정에 불을 지필 수도 없다. 휴식도 적당히 취하면서 나아가야 하는 것이다. 휴식을 빙자한 무기력에서 탈피하도록 하자. 무슨 일을 해야 할지 모르거나, 하고 싶은 일이 없을 때는 무조건 걸어보자. 걷다 보면, 생각이 정리되고, 좋은 아이디어가 샘솟기 시작한다. 나도 별 일이 없을 때는 공원이나 한강 주변을 돌며 무작정 걷는다. 저녁이 되면 감성적이게 바뀌기도 하지만 걷다 보면 이내 기분이 맑아진다. 상쾌한 공기에 기분이 좋아진다. 사람들이 주는 활력을 느낄 수도 있다. 자전거 타는 사람들, 농구하는 사람들, 피크닉 하러 온 사람들, 산책과 운동을 하는 사람들 등 많은 활동적인 기운을 받으며 걸어보자. 처음 내딛는 한 발이 어렵지 자주 걷다 보면 익숙해져서 몸이 근질거릴 것이다. 저녁도 좋지만, 특히나 아침에 일어나자마자 걷게 되면 잠도 잘 깨고 머리가 맑아진다. 아침에 쬐는 광합성은 낮에 받는 햇볕과는 느낌이 사뭇 다르다. 그렇게 상쾌하게 시작한 아침이 하루 전체를 밝고 눈부시게 만들어줄 것이다. 당장 오늘부터 조금씩 발을 내딛어 보자. 작은 습관을 꾸준히 유지하는 사람은 큰일도 거뜬하게 해낼 수 있다는 자신감이 생긴다. 내 자신의 역량과 잠재성을 믿고 꾸준히 나아가 보자. 여러분의 건투를 빈다!

05

행복을 끌어당기는 감사일기를 써라

감사하면 온 마음이 우주의 창조적 에너지와 조화를 이루게 된다.
이 사실이 낯설게 느껴진다면, 잘 생각해보라.
그것이 참이라는 점을 알게 되리라.

– 월리스 워틀스

인생의 행복을 위해 지금 당신이 할 수 있는 일은 무엇일까? 가장 중요
한 것은 감사해야 할 일의 목록을 작성하는 것이다. 미국의 유명한 토크
쇼 진행자, 오프라 윈프리는 자신의 성공비법을 '감사일기'라고 한 바 있
다. 감사하는 마음이 더 풍요로운 삶으로 끌어당긴다는 것이다. 감사일
기를 쓰다면 에너지가 긍정적인 방향으로 바뀌어서 사고방식도 바뀌기
시작한다. 일기를 쓰기 전에는 나의 불안한 미래와 힘든 현실에 초점이
맞춰져 있다가도, 감사일기를 쓰고 나면 다른 방향으로 시각이 전환된

다. 좋게 생각하는 모든 일들에 대해 감사함을 느낄 수 있다. 감사하기는 삶을 더 풍요롭게 해주는 확실한 방법이다. 타인이 한 사소한 행동에 정말 고마워하면, 어떻게 될까? 더 잘해주고 싶어질 것이다. 언제나 감사하기가 최대 관건이다. 감사하면 더 좋은 것들이 끌려온다. 도움을 받게 되며, 더 감사할 일들이 연달아 일어난다.

　나는 만원 버스나 지하철을 탈 때에 자리가 없을 때도 미리 감사했다. 그리고 곧 자리가 생기는 상상을 하곤 했다. 신기하게도, 항상 내가 서 있으면 3~5분 이내로 곧장 자리가 나곤 했다. 처음에는 '내가 금방 내릴 사람을 잘 알아보는 것인가?'라고 착각이 들 정도였으니 말이다. 이것은 나의 인지능력보다는 감사함이 먼저 끌어당겨준 행운이다. 우연이라고 하기엔 너무 자주 이런 일이 생긴다. 내가 감사함을 느끼지 못했던 예전에는 있을 수 없던 일이다. 주차장의 자리 또한 그렇다. '제게 주차장 자리를 내어주셔서 감사합니다.'라는 좋은 마음을 품고 있으면 이내 주차장 자리가 생기기도 한다. 나는 감사하기의 큰 위력을 알고 있기에, 입만 떼면 감사를 연발한다. 실제로 오프라 윈프리의 성공비법이 감사일기라는 것을 알고 난 이후부터 2년 6개월 째 감사일기를 쓰고 있다. 지금은 나뿐만 아니라, 내게 논술을 배우는 초등학생 수강생들도 모두 매일 일기를 쓴다. 아이들이 작은 것에 감사를 찾기 시작하면서부터 더 밝아졌을 뿐만 아니라, 긍정적인 생각으로 하루를 보내기 시작했다. 일기는 거창한 것이 아니다. 대부분의 일기가 오늘 먹었던 것, 친구와 놀았던 것, 엄마 아빠가 칭찬해준 것, 친구에게 그림을 선물해준 것, 수업이 일찍 끝나서 게임을 할 수 있었던 것 등 사소한 일들이다. 우리는 행복이 거창한 그 무언가라 생각하지만, 실제로 우리 행복은 늘 우리 주위에 도사리고 있다. 행복은 일시적으로 끝나는 거창한 그 무엇이 돼서는 안 된다. 작지만 꾸준한 행복이 이어졌을 때라야 비로소 삶이 풍요로워지는 것이다. 나는 실제로 그런 체험을 하며 지낸다.

감사일기는 나의 하루에 빛을 선사해준 일이다. 나는 매일 아침과 자기 전 저녁에도 '미래야, 고마워. 그리고 나를 둘러싼 모든 사람과 모든 일들에 감사해.'라고 말한다. 그러고 나서 고마운 일들을 하나하나 되짚어가며 나의 감사일기장에 적어 내려간다. 가슴속에서 뜨겁게 차오르는 감사함을 끄집어내서 한껏 느낀다. 가장 중요한 것은 기분이 나쁘거나 불쾌할 수 있을 것 같은 일에도 감사함을 느끼는 것이다. 보통의 사람들은 대개 선물을 받거나 호의를 받았을 때라야 비로소 감사한다. 하지만, 감사일기의 본질은 그것이 아니다. 이미 내게 주어진 상황과 나의 있는 그대로에 감사해야 한다. 예를 들면 아픈 곳 없이 건강한 것, 가족들이 건강하고 화목하게 살아 있는 것, 날씨가 좋은 것, 내가 지금 가진 것이 많다는 증거 등 앞으로 받을 것이 아니라 지금 내가 가지고 있는 것에 감사의 초점을 맞추어야 한다. 이렇게 하게 되면, 그날 하루와 그날 일어날 모든 일을 강력하게 스스로 창조하게 되는 것이다. 침대에서 억지로 일어나 도살장 같이 느껴지는 직장에 출근하며 많은 사람들에게 휘둘리는 대신에 그날 하루를 위해 나의 주파수를 미리 조정하는 것이다. 의도적으로 나의 하루가 어떻게 되기를 바라는지 스스로 설계한다. 하루를 시작하는 데 감사일기보다 더 멋진 방법은 이 지구상에 없다! 당신은 당신 인생의 창조자이다. 그러니 일어나면 먼저 의식적으로 하루를 창조하는 일부터 하는 것이 제일이다. 지금 당신이 가진 것을 예전의 그것과 다르게 느끼기 시작하면서부터 당신은 좋은 일을 더 많이 끌어당길 수 있을 것이다.

나 또한 한창 책 쓰기 학원에서 근무할 때, 학원 내부가 너무 바빠서 제일 늦게 입사한 내가 심부름을 가게 되었다. 옷도 원피스에다 스틸레토 힐을 신어서 걷는 것이 너무 힘들었다. 발가락 사이사이 마디마디가 너무 아팠으며, 날씨는 또 여름이라 엄청 더웠다. 땀이 흐르면서 메이크업이 지워지고 있었다. 찝찝한 기분에 금방이라도 화가 치밀 것 같았다. 그러나 나는 의식의 중요성에 대해 이미 배운 사람이었다. '그래, 어쩔 수 없잖아. 나밖에 갈 사람이 없으니까. 좋은 기분으로 감사하게 받아들이

자. 이 상황이 감사해. 나는 그들을 위해 좋은 일을 하고 있는 거야.' 내 기분을 좋게 만들기 위해서 의식적으로 엄청나게 노력하고 있었다. 그리고 학원에서 열심히 강의를 하고 있을 나의 멘토님과 코치님들에게 존경과 경의를 표하며 다시 좋은 기분으로 완벽하게 원상복귀 했다. 마음이 평화로워지면서 기분이 차분해질 때쯤, 나의 핸드폰에는 기프티콘 10장이 도착해 있었다. '어? 이게 뭐지?' 코치님들 중 한 분께서 내가 밖에 심부름 가 있는 것을 알고 커피 선물을 보낸 것이었다. 한 잔도 아니고 무려 열 잔이었다. 내 마음이 감사함으로 충만할 때 생긴 일이었다. 감사함을 느껴서 10배 더 감사한 일이 생겼다. 그 당시 내가 스타벅스에서 자주 책 읽거나 혼자 공부하는 것을 아시고, 나에게 맞춤형 선물을 해준 거였다. 나는 감사의 위력을 자주 실감했기에 전적으로 믿을 수 있었다.

여러분은 지금보다 더 많은 일들에 고마움을 느낄 수 있다. 주변을 둘러보면서 "내가 원하는 차도 없고, 내가 바라는 집도 없잖아. 내가 원하는 배우자도 없고, 게다가 날씬해지고 싶은데 나는 날씬하지도 않아."라고 말하고 있지는 않은가? 그것은 당신이 원하지 않는 일을 끌어당기는 행위다. 핵심은 여러분이 가진 것들 가운데 고마운 일에 집중해야 하는 것이다. 고마워해야 할 일이란 건강하게 잘 살아 있다는 것 그 자체가 될 수도 있다. 왜냐하면, 지금 이 순간에서 지구의 다른 곳에서는 전쟁과 기아의 흔적이 도사리고 있고, 전염병의 발생은 흔한 일상이 되었기 때문이다. 여러분이 이미 가진 것에 대해 고마움을 느끼지 않는다면, 더 좋은 일이 일어나기 힘들다. 왜냐하면, 불평과 불만을 할 때 내뿜는 생각과 감정들은 모두 부정적이기 때문이다. 질투 혹은 원망이나 불만 등은 '부족함'을 인정하는 꼴이다. 그래서 더 부족한 상황을 끌어당긴다. 이런 것들은 당신이 원하는 것이 아니라, 원하지 않는 것에 집중하게 만든다. 이런 부정적 감정들로 인해 좋은 것들이 당신 인생에서 나타나지 않는 것이다. 새 차가 있기를 바라면서 지금 몰고 있는 차에 대해 고마움을 느끼지 못한다면, 부정적인 감정이 우주에 고스란히 전달될 것이다. 지금 있는 일에 감사해야만 굴비 엮이듯 더 좋고 감사할 일들이 따라온다. 월러스 워틀스는 말했다. "하루 한 번 감사하는 습관은 부가 당신에게 흘러갈 통로로 작용한다." 감사 그 자체가 부로 가는 지름길이라고 알려주고 있는 것이다.

인생은 내가 허용한 만큼만 받을 수 있다. 이미 모든 것이 나에게 있었고, 하나님이 늘 주셨으며, 넘쳐나고 있었다. 하지만 지금껏 우리가 알지 못했고, 받지 못했다. 무지와 어리석음 때문이다. 이제 그것들을 깨닫고 모든 사랑과 풍요를 기꺼이 감사하게 받아들여야 한다. 모든 감사에는 사랑이 깃들어 있다. 우리에게 주어진 모든 삶이 기적이다. 모든 것이 자연스럽게 이어진다. 마음과 일치하는 삶이 허용되고 있는 것이다. 힘을 빼고, 긴장을 풀자. 그저 감사하면 마음이 가벼워진다. 보슬보슬 보슬비가 내리듯 자연스럽게 감사의 비가 내린다. 지금 온갖 걱정과 불안한 감정들로 고통스러운가? 그 생각과 감정이 현재에 머물러 있는지만 알아차리면 된다. 내 자신이 온전히 현재에 머물면 모든 고통과 괴로움이 서서히 사라질 수 있다. 감사함은 그 모든 것을 수용하고 포용한다. 괴로운 감정들을 안아줄 수 있는 힘이 있다.

오늘 하루를 잘 살아낸 것, 그 사실만으로도 충분히 잘하고 있는 것이다. 여러분은 잘하고 있다. 언제나, 매 순간 내가 나를 결정하는 것이다. 긍정적인 것도, 부정적인 것도 결국은 나의 선택에 불과하다. 가족이든, 지인이든, 직장 동료든 타인의 시각을 나의 시각으로 받아들일 필요는 없다. 어디까지나 그 것은 타인의 시각일 뿐이다. 사람은 환경의 영향을 받기 때문에 혼동하기 쉽지만, 나의 의사와 타인의 의사를 구분할 줄 알아야 한다. 당신은 무엇이든지, 언제든지 다시 감사를 시작할 수 있다. 당신이 원하는 것이 진심으로 원하는 것이 맞다면 그게 무엇이든 언제나 옳은 것이다. 자신을 믿어야 이 세계에서 유리하다. 도저히 나를 믿을 수 없을 것만 같을 때에도, 믿기 싫은 그 순간마저 나만큼은 온전히 나를 믿어주어야 한다. 자신을 믿으려면 노력을 게을리해서는 안 된다. 가진 것이 아무 것도 없을 때, 오직 노력만이 내가 나를 믿을 수 있는 근거가 되어주기 때문이다. 노력은 당장 눈앞의 결과로 나타나지 않아도 훗날 어떤 형태로든 보상으로 나타난다. 비현실적이라는 것은 그저 의견일 뿐이다. 평범한 사람들에게는 말도 안 되는 것 같은 높은 목표, 일반적이지 않은 목적이나 야망을 언급할 때 감사함이 밑바탕이 되어야 모든 것을 이룰 수 있다. 감사를 기초 토대로 쌓아지지 않은 탑은 언젠가 무너진다. 작게 무너지는 것이 아니다. 순식간에 와르르 크게 무너진다.

내가 사람들의 호의를 당연하게 받아들이고 세상을 만만하게 생각하던 시절에 1억 2천만 원 사기를 당했다. 그 사기는 내게 큰 깨달음을 얻게 해주려는 고액의 수업료였던 것 같다. 어쩌면 신이 주신 선물일지도 몰랐다. 작은 것 하나에도 감사할 줄 모르고, 사람들에게 큰 상처를 주었다. 심지어는 아버지에게 막말을 하여 아버지가 눈물을 훔치신 적도 있었다. 아버지께서 나중에는 내게 부탁을 하셨다. "딸아, 사람이 재산이다. 아버지는 네가 딸이라서 이해하지만, 제발 어디 나가서 다른 사람에게는 모질게 상처주지 말아라. 결국 그것은 너에게 다 돌아오게 되어 있다. 아빠 말 명심했으면 좋겠다." 아버지의 눈물을 보고 나서야 정신을 차렸다. '내가 지금까지 어떻게 살아온 거지?' 망치로 머리를 맞은 듯했다. 내 인생이 꼬이는 것은 내 생각과 나의 태도 때문이었다. 감사함을 잊고 살면, 내가 가진 것도 모자라 그 보다 더 많이 빼앗아가신다. 없는 빚마저 생기게 하여 크나 큰 깨달음을 주는 것이다. 그때의 큰 충격으로 인해 정말 다른 사람이 되었다. 아버지가 지금은 '인조인간'이라고 매번 놀리실 정도로 성격 자체가 바뀌었다. 전보다 온화하고 부드러워졌으며 웬만한 일에는 화를 내지 않게 되었다. 자주 욱하는 다혈질 성격이었는데 이성적으로 스스로를 다스릴 수 있게 되었다.

매일 5가지씩 적고 있는 감사일기의 효험이 가장 크다. 2년 6개월 이상 꾸준히 쓰고 있는 나만의 감사일기다. 그중에 가장 기억에 남고 와 닿는 일기들의 구절을 몇 가지 공유하겠다.

- 6시 30분, 『시크릿』 오디오북을 들으며 내 안에 긍정의 기운을 가득 채운다. 감사하다.

- 돈이 점점 풍요롭게 쌓여감에 감사하다. 일할 곳과 갈 곳이 있음에 감사하다.

- 가족들이 서울 오시는 날, 여행 계획을 행복한 기분으로 짤 수 있음에 감사하다.

- 세림 언니랑 성공적인 쿠킹 클래스를 마치고, 언니가 예쁜 옷들 골라줘서 감사하다.

- 상쾌한 기분으로 하루를 시작해서 감사하다. 로또 사지 말고, 내 자신을 로또로 만들자!

- 어제 냄비를 태워서 집에 큰 불이 날 뻔했는데, 무사히 살아 있어서 너무 감사하다.

- 베풀면 내 마음이 더 풍요롭고 행복하다. 계속 움직여 일할 수 있음에 감사하다.

- JTBC 〈굿라이프〉의 기회를 획득하고, 우연이 선생님을 만날 수 있어서 감사하다.

- 오늘 지칠 뻔했지만 잘 극복한 나에게 감사해. 사랑해. 너는 세상의 빛

이야.

- 왁싱하고 나와서 태초의 나로 돌아갈 수 있음에 감사하다. 행복하고 시
원한 느낌!

- Hello! Gorgeous! I hope your day Is amazing as you are!

- 주위 사람들과의 관계도, 내 건강도 모두 좋아졌다. 행복한 미래에 감사
하다.

- 켈리 최 회장님의 '모닝확언' 덕분에 아침 일찍 기상할 수 있어서 감사하
다.

- 영향력 있는 사람의 첫 번째 기술을 배우게 되어 감사. '만나는 상대방
이 세상에서 가장 중요한 사람처럼 느끼도록 진심으로 노력하는 것.'

- 명상의 참 의미를 알게 되어 감사하다. 평화 속에 머물고, 감사함을 경
험하고, 일상의 스트레스와 걱정들로부터 자유로운 시간에 감사하다.

- 인간관계가 어려웠던 지난날의 실패를 딛고, 소통과 공감, 이해, 포용,
배려, 대화로써 많은 사람과 교류하고 서로 응원할 수 있음에 진심으로 감
사하다.

- 과거와 미래가 아닌 현재, '지금' 이 순간에 집중할 수 있게 됨에 감사하
다.

- 있는 그대로의 나를 사랑하고, 나의 충만한 내면과 자존감에 감사하다.

- 평상심을 유지할 수 있게 되어 감사. 작은 일에 일희일비하지 않고, 감

정보다는 이성적으로 대처하려고 노력하는 나에게도 감사하다.

– 지영 선생님의 생일을 진심으로 축하해드릴 수 있어서 감사하다.

– 주위 사람들이 모두 잘 되어가고 행복해져감에 감사하다.

– 솔직하게 더 많이 요구해도 된다. 나는 가치 있는 존재니까. 나는 나를
사랑해!

– 내가 할 수 있는 일에는 최선을 다할 수 있게 해주시고, 제가 할 수 없는
일은 포기할 수 있는 용기를 주시며, 이 둘을 구분할 수 있는 지혜를 주세
요. 감사합니다.

– 내 동생이 행복해하는 모습에 감사하다. 같이 좋아하는 음식을 먹고, 함
께 즐길 수 있는 이 순간이 제일 우리들의 행복한 시간이 아닐까? 사랑한
다. 감사한다.

– 하루 하루 발전하고 성장하기 위해 노력하는 나에게 감사하다.

– 화를 내지 않고 매 순간 차분하게 대처하는 나에게 감사하다.

– 감정을 다스릴 줄 아는 현명한 여자가 되었다. 감사합니다.

내 마음은 신성한 힘이 작용하는 중심 토대이다. 마음 속 감사에 더 많은 열정과 믿음을 불어 넣어주자. 더 감사한 일들이 넘쳐흐를 것이다. 세계에서 가장 영향력 있는 인물 중 한 명인 오프라 윈프리는 지옥보다 더한 밑바닥 인생에서 지금은 억만장자이자, 최고의 토크쇼 진행자로 완전히 인생을 바꿨다. 오프라 윈프리는 "우리가 무슨 생각을 하느냐가 우리가 어떤 사람이 되는지를 결정한다."라고 말했다. 그녀는 감사일기와 끌어당김의 법칙을 통해 최악의 현실을 최고의 현실로 바꾸었다. 성공한 인생을 살고 싶다면? 지금 당장 감사일기를 써보자.

06

시각화로 성공에 이르는 비밀을 누려라

나는 내 마음속의 우세한 생각들이 결국에는 현실 세계로 반영됨을 인지하고 있다.
그러므로 나는 매일 30분간 내가 되고자 하는 미래의 나의 모습을 시각화하며,
이 과정을 통해 내 마음속에 그 미래상을 명확하게 창조한다.

- 나폴레온 힐

* 시각화: 소망을 마음속으로 그려보는 일. 바라고 구하면 분명 얻을
것이며, 찾을 것이다.

시각화의 위대한 힘을 자신의 의지로 사용할 수 있다면, 엄청나게 확
대된 능력과 지혜가 생기고 미처 몰랐던 자신의 장점을 활용할 수 있게
된다. 『보이지 않는 힘』의 저자, 주느비에브 베런드는 자신의 책에서 다
음과 같이 말했다.

"우리가 돈과 땅과 친구를 더 많이 갖고 싶어 하는 것은 그런 것들을 갖게 되면 더 큰 자유와 행복을 얻으리라 확신하기 때문이다.…삶의 기쁨은 우리의 내부에서 온다. 기쁨에 넘치는 삶을 소망한다면, 우선 우리를 기쁘게 하는 것들을 얻으려 노력하라고."

이처럼 시각화를 연습하면 마음이 항상 평온해지고, 삶을 좀 더 행복하게 만드는 데 필요한 것들을 차례로 끌어들일 수 있게 된다. 매일 잠시 잠깐이라도 시간을 내서 무궁무진한 상상력을 발휘하여 자신의 일에 대해 생각하는 습관을 가져야 한다. 자신을 위해 반드시 필요한 일이며, 사회를 위해서도 충분히 유익한 일이다. 그것을 이루는 방법을 미처 알기도 전에 우리는 전적으로 그것을 우선 믿어야 한다. 우리가 가진 내면의 힘은, 바라는 것들을 마음속에서 그릴 수 있게 만들어주는 힘이다. 그 힘이 모든 인간 존재의 시작이다. 그 힘은 원래 아무런 특징도 형태도 없는 물질이었다고 한다. 우리가 절대적인 믿음을 가지고 소망이라는 불을 밝히면 비로소 모습을 드러낸다. '의지'라는 불이 서서히 흘러 들어가면, 우리 마음속의 그림이 물리적인 세상의 화면에 투영된다. 마음속에 소망의 그림을 그리고, 기꺼이 그 힘을 확신한다면 믿음이라는 아주 강력한 지식을 얻을 수 있게 된다. 그 무엇도 자석의 힘을 없앨 수는 없다. 이제 우리는 그 어느 때보다도 행복하다. 원하는 것을 어디에서 얻을 수 있는지 알게 되었기 때문이다. 올바른 방향으로 끊임없이 나아가다 보면 틀림없이 응답을 얻을 수 있기 때문이다. 우리 앞에는 무한한 가능성이 언제든 우릴 향해 열려 있는 것이다.

『부자의 언어』의 저자 존 소포릭은 이렇게 말했다. "믿음의 눈으로 보는 방법은, 이성의 눈을 감는 것이다."『100억 부자 생각의 비밀』저자이시자, 나의 책 쓰기 스승님인 김태광 도사님 또한 본인의 책에서 다음과 같이 말씀하셨다.

"꿈을 실행하는 과정에서 꿈 실현보다 더 값진 것을 얻을 수 있었다. 내가 상상하는 것들은 무조건 현실이 된다는 단단한 믿음을 가지게 된 것이다. 나는 원하는 것을 의식 속에서 선포한다. 상상 속에서 내가 원하는 것을 가지게 되었을 때 느끼게 될 감정과 기분을 생생하게 느껴보고 취하게 될 행동을 해본다. 상상 속에서 이루어진 행동은 그것의 모습과 동일하게 곧 외부세계에 모습을 드러낼 수 있도록 우주 만물에게 명령을 내린다. 세상 모든 것은 그것이 실현되도록 분주하게 움직이기 시작한다. 나는 기적이나 창조는 이런 방식으로 이루어진다는 것을 잘 알고 있다. 나는 상상력이다. 내가 어떤 것에 상상하기 시작할 때 온 우주가 나를 위해 움직이기 시작한다. 바라는 것이 있을 때 그것을 갖기 위해 노력만 해서는 안 된다. 그것이 이미 나의 것이 된 상상을 해야 한다. 그것을 가졌을 때 하게 되는 말과 행동을 상상 안에서 할 수 있어야 한다."

나 또한 상상력의 위대함을 믿고 실행한다. 특히 시각화와 명상의 중요성은 아무리 강조해도 지나치지 않는다. 나도 켈리 최 회장님의 강연에 돈을 지불하면서까지 들으며 시각화를 배웠다. 그리고 틈틈이 유튜브로도 다시 보며 습득하는 중이다. 켈리 최 회장님께서는 명상과 시각화뿐만 아니라, 진정한 우선순위를 잠재의식에 새기는 작업까지 상세히 알려주셨다. 100번 쓰기, 100번 외치기, 비전보드, 시각화 등이 왜 중요하다고 할까? 우리는 매일 잠재의식 속에서 내보내는 2~6만 가지 생각을 한다고 한다. 그래서 목표를 이루는 과정에서 우선순위를 잘 정해두지 않는다면 무엇이 중요한지 금방 잊어버리고 만다. 하지만, 매일 목표를 적는다면 목표를 잠재의식에 새기게 되면서 꿈에 잘 집중할 수 있게 된다. 목표를 위한 1가지 우선순위를 끝까지 지속할 수 있는 것이다. 이렇게 한 번 신념이 생기면 우선순위가 잘 바뀌지 않게 되어서 강한 목적의식을 지닐 수 있다. 잘못된 목표 설정은 오히려 꿈을 방해할 수 있다.

아래는 켈리 최 회장님의 강연에서 배운 '올바른 목표설정 방법'에 관한 것이다.

1. 목표를 명확하게 정한다.

2. 데드라인을 정한다.

3. 목표를 수치화한다.

4. 이룰 수 '있다', '없다'로 가능성을 예단하지 않는다.

5. 목표 달성을 위한 지금의 액션플랜을 정한다.

6. 잠재의식이 3만 배 파워풀하다는 것을 믿는다.

7. 꿈을 쓰면서 꿈을 이룬 나를 상상하고 느낀다.

여러분이 무엇을 생각하든 생각한 대로 된다. 무엇을 느끼든 그것을 끌어당길 것이다. 무엇을 원하든 여러분이 원하는 대로 될 것이다. 내가 원하는 것을 이루기 위해서는 반드시 먼저 할 수 있다는 신념과 확신을 가져야 한다. 의식보다 잠재의식이 3만 배 파워풀한 이유는 무의식 속에 있는 5%의 부정이 95%의 긍정을 이기기 쉽기 때문이다. 따라서 우리는 반드시 잠재의식을 스스로 컨트롤 해야만 한다. 믿음은 의식 속에 있고, 신념은 무의식 속에 있다. 이루고 싶은 것을 모두 다 이룰 수 있다고 믿는가? 자신에 대한 믿음이 10점 만점에 몇 점인가?

이 물음에 'yes'라고 대답할 수 있다면 당신은 이미 성공할 수 있는 모든 자질을 갖추었다. 잠재의식 속에 이 뿌리를 심고 정성으로 키운다면, 당신이 생각하는 꿈은 언젠가 현실이 될 것이다. 인생이란, 한 그루의 사과나무를 잘 키워서 당도 높은 사과를 얻는 일과 비슷하다고 한다. 좋은 사과를 얻기 위해서는 영양분이 불필요한 곳으로 가지 않도록 불필요한 가지를 잘라내는 가지치기 작업이 필요하다. 나의 핵심가치란 무엇인가? 결단력과 선언! 믿음! 신념! 확신! 스스로에게 질문을 해보며 튼튼한 뿌리를 만들어야 할 것이다.

꿈을 현실로 만드는 데는 10% 의식과 90% 무의식이 작용한다. 나의 잠재의식은 잠을 잘 때도 일을 할 때도 나를 위해 열심히 일해주고 있다. '왜 내가 갑자기 이런 생각을 하고 있지?'라며 알아차리는 순간이 있을 것이다. 갑자기 떠오른 부정적인 생각에 무기력해진 순간도 있었을 것이다. 나 또한 그런 순간이 종종 찾아왔다. 매일 긍정적인 나도, 지치거나 무기력해지면 아지랑이처럼 부정적인 생각이 피어오르기 시작할 때가 있는 것이다. 그럴 때마다 산책을 했다. 피곤해지기 직전까지 걷고 또 걸으며, 도산공원에 가서 안창호 선생님께 진심으로 기도를 드렸다. 그 기도 안에는 시각화와 명상 그 모든 것이 포함되어 있었다. 내가 자주 산책하러 가는 도산공원의 묘비에는 이런 말이 적혀 있다. '나 하나를 긴전한 인격으로 만드는 것이, 이 나라의 모두를 위한 일이다.' 그 문구를 보며 나는 매일 기도를 드리며 나의 사명이 무엇인지 질문하고는 했다. 그때마다 한국에서 많은 영 앤 리치 인재들을 배출하는 상상, 나만의 학원과

북 카페를 차리는 상상, 김 도사님과 권 마담님 부부처럼 꿈 부부가 될 수 있는 나의 배우자와 함께 행복한 미래를 위해 매일 책을 읽고, 세계를 무대로 강연을 하는 상상, 사회에 이바지하면서 공헌하는 상상 등 많은 영상이 떠올랐다. 지금도 여전히 시각화 중이다. 명상을 하며 확언을 하는 것은 필수 관문이다. 그렇게 하루의 의식이 끝나면, 내가 좋아하는 카페에서 책을 읽으며 소소한 행복과 성취감을 만끽한다. 집으로 돌아와서 조금이라도 부정적인 생각이 남았다면, 동생과 대화를 해보며 내 생각을 점검한다. 문제의 원인을 찾아본 뒤, 이것이 단순한 생각인지 사실인지 판단해본다. 그리고 감정에서 비롯된 것인지 이성적인 판단이 맞는지 한 번 더 비틀어서 생각해본다. 어떤 것에서부터 나의 아픔이 외부로 드러난 것은 아니었는지 자각하고 마음껏 발산하기도 한다. 때로는 그 발산이 글이 되기도 하고, 춤이 되기도 한다. 우리의 무의식은 이렇게 의식보다 3만 배 파워풀하다고 입증이 되어 있다. 무의식을 잘 활용해야 목표를 이루고 성공할 수 있다. 많은 성공자들이 앞다퉈 알려주고 있는 진실이자 진리이다. 원하는 것에만 나의 에너지를 집중하고, 시각화를 통해 모두 이루어내자.

바로크 음악과 함께 켈리 최 회장님의 꿈 노트 100일을 완성했던 날. 나도 꾸준히 무엇을 할 수 있을까? 의문이 확신으로 바뀌었다. 중간에서 시작했지만, 100일은 무조건 채워보자고 다짐하며 필사와 확언을 매일 하루도 빼놓지 않고 적었다. 몇몇 친구는 왜 이렇게까지 애쓰며 하는 건지 내게 물었다. 이것을 한다고 돈이 나오는 것도 아닌데 왜 그렇게까지 하는지 이해가 되지 않는다고 하는 친구들도 있었다. 그럴 때마다 순간적으로 서럽고 서운한 마음이 든 적도 있었다. 있는 그대로의 내 모습으로 사랑받지 못한다고 느꼈기 때문이다. 하지만, 그런 감정도 잠시 나는 내 꿈이 더 소중했다. 누가 뭐라고 하던 이 사소한 행동이 곧 위대한 행동을 만들 수 있다고 믿어 의심치 않았다. 주위 사람들의 말에 왜 잠시 잠깐 혼란스러웠을까? 나는 나 자신이 가장 잘 안다. 그 사람들이 나에게 인생의 선택과 대안을 제시하는 것이 과연 옳은 일일까? 켈리 최 회장님이라면 이 순간에 어떤 생각을 하셨을까? 내게 몇 가지 질문을 해보며 깨달은 것이 있다. 고민해야 할 일에만 내 감정과 에너지를 쏟자. 그들은 아직 나를 다 알지 못한다. 나는 내가 제일 잘 안다. 하루 24시간 온종일 나와 함께 있는 사람은 나 자신뿐이다. 확신과 믿음으로 나아가자고 다짐했다. 올해는 무조건 잘된다고 했다! 나의 해!

가끔 이렇게 불안하고 혼란스러워도 괜찮다. 그것 또한 너의 일부이다. 우리는 금세 회복할 수 있다. 인간은 망각의 동물이기 때문이다. 당신의 진짜 힘든 시절은 오늘로 모두 끝났다.

07

가장 먼저 나를 바꿔라

나는 내 생각의 소산이다.
오늘의 나는 내가 선택했던 것들의 소산이다.

– 석가모니

이 글을 쓰고 있는 지금. 켈리 최 회장님이 주최하는 모닝콜 프로젝트에 참여한 지 48일째다. 실패한 날도 있었고, 성공한 날도 있었다. 하지만, 6시에 일어나지 못한 날에도 나는 내 자신을 자책하지 않기로 했다. 하루를 시작하는 아침의 기분에 따라 그날의 성패가 좌우된다는 것을 여러 차례 경험했기 때문이다. 혼자 조용히 진행하는 것보다 인스타그램이나 블로그 등 SNS로 많은 사람들에게 공표하는 것이 확실히 효과가 있었다. 이따금씩 사람들이 궁금해하며 "여전히 모닝콜 프로젝트를 하고 있어?", "아침에 일찍 일어나니까 어때?" 질문을 하기 때문이다. 실패한 날이 있더라도, 사람들은 시작 그 자체를 대단하게 생각하는 경향이 있다. 나는 단지 일찍 일어나는 습관을 기르고자 한 것뿐인데 대단한 일을 하고 있는 것처럼 바라봐줄 때가 많다. 그렇게 바라봐주는 시선들 덕분에 나는 정말 대단한 사람이 되어간다. 어떻게 하면 나처럼 실행을 빨리할 수 있냐고 종종 질문하는 사람들이 많다. "그냥 하세요! 그냥!" 이런 성의 없는 대답보다는 좀 더 자세하게 답변해주고 있다. 그 사람들도 실행이 잘 안되니까 나에게 답답해서 물어보는 것일 텐데 '그냥 해.'라는 답변은 너무 무책임한 것 같다. 내가 실행을 빨리할 수 있는 이유는 다음과 같이 3가지로 추릴 수 있다.

첫 번째, 나는 성격이 급하다. 이 급한 성격이 추진력과 실행력의 밑바탕이 된다. '서두르면 일을 그르친다'는 옛말이 있다. 나는 그 말이 옛날이었으니까 적용된다고 생각한다. 지금은 정보가 돈이 되는 시대이고, 스피드가 관건이다. 재빨리 먼저 움직이지 않으면 도태되는 시대다. 특히 우리나라는 유행이 시시각각 빠르게 변한다. 어떤 날은 유행이라서 줄을 서서라도 사고, 먹고, 입다가도 유행이 끝나면 언제 그랬냐는 듯 무관심하게 돌변한다. 빠르게 변하는 고객의 니즈를 파악하지 못하면 살아남지 못하는 세상이 되었다. '냄비근성'이 어느 나라보다도 정확한 우리

나라에서 금세 빠지고, 금세 식는 요인이 무엇인지 파악하려면 재빠르게 움직여야 한다. 내가 첫 책을 펴내고, 유튜브와 블로그를 시작할 수 있었던 이유도 성격이 급했던 덕분이다. 지금 하지 않으면 나중은 없다고 생각했기에 발 빠르게 움직여 시스템을 구축할 수 있었다. 물론 물심양면으로 도와주셨던 주위 분들 덕분도 있다. 손뼉도 마주쳐야 소리가 난다고 하지 않던가? 나의 모든 성공에는 주위사람들의 응원과 지지, 성원도 있다는 것을 인지한다. 그렇지만, 모든 일의 시작에는 내가 먼저 발 빠르게 움직여야 한다는 것을 잊지 말자.

두 번째, 실패했을 때의 리스크를 받아들일 준비가 되어 있다. 우리가 사는 세상이 늘 좋은 일들로만 가득하면 얼마나 좋을까? 그렇게 행복한 일만 있다면, 이 세상에는 노력하는 위인들이 한 명도 남아 있지 않을 것이다. 성공한 위인 중에는 한 번도 실패하지 않은 사람이 없다. 그 말은 즉, 성공자들이 실패를 더 많이 했다는 뜻이다. 나도 실패에 대한 내성이 생기기 전까지는 실패를 받아들이지 못했다. 조금이라도 실패하면, 세상이 무너지는 것마냥 못 견뎠으며 다른 사람들 보기가 부끄러웠다. 그러나 다른 사람들은 내가 실패를 했든, 성공을 했든 남의 일에 크게 관심이 없었다. 나만 나의 실패를 확대해석하고 호들갑을 떨었던 것이다. '사람들은 생각보다 남의 일에 큰 관심이 없다'는 것을 깨달은 후부터는 남 눈치 보지 않고, 내 소신껏 행동하려고 노력한다. 실패해도 다시 일어나면 된다. 거기서 주저앉으면 끝이지만, 다시 일어나면 수많은 기회가 나를 기다리고 있다. 더 이상 남 눈치 보지 말고, 내 눈치를 보자. 넘어졌다면, 잠시 상처를 회복할 시간을 주고, 다시 일어나 걸으면 된다. 내가 걷고 싶으면 걷고, 내가 뛰고 싶으면 뛴다. 다른 사람 페이스에 맞추지 말고, 내 페이스에 맞게 꾸준히 가자. 남을 따라 하다가 나만의 색깔을 잃는다면, 인생의 마라톤에서 완주를 해도 의미가 없다. 나만의 색깔을 찾아 꾸준히 움직이도록 하자. 하이 리스크 하이 리턴(high risk high return)이라는 말을 들어본 적 있는가? 위험이 높은 만큼 수익이 높다는 뜻이다.

"모험이 없는 곳에 이익도 없다(Nothing Venture Nothing Have)."

우리는 모험과 도전으로 인해 성취를 얻고, 실패도 하며, 더 발전하고 성장하는 존재다.

세 번째, 신중히 생각하되 판단은 신속히 한다. 생각은 쓰레기, 행동은 진리이다. 너무 많은 생각은 자칫 실행에 방해가 될 때가 많다. 많은 성공자는 행동가이다. 신중하게 생각을 할 때도 필요하지만, 많은 일들은 행동하기 이전에 결과를 내기 어렵다. 우리의 미래를 누가 점칠 수 있다는 말인가? 많은 예언가들과 점쟁이, 무당들이 있지만 그들도 100% 미래를 예측할 수 없다. 미래에 가보지 않는 이상 우리는 그 미래를 알 수 없다. 내가 지금 하는 행동이 모여 미래의 결과가 되는 것이다. 지금 당장 실행해보지 않고서는 결과를 알 수 없다. 결정을 유보하면 시간만 흘러간다. 나는 돈을 뺏기는 것보다 나의 시간을 뺏기는 것에 더 촉각을 세워야 한다고 생각한다. 눈에 보이는 것보다 눈에 보이지 않는 것들의 가치가 더 중요한 이유다. 공기가 없으면 우리의 숨이 끊어지는 것처럼, 돈보다 시간을 더 소중히 여기지 않는다면 앞으로의 미래는 끊어지고 말 것이다.

시간의 소중함을 안 이후로 내가 가고 싶은 곳, 만나고 싶은 사람, 내가 하고 싶은 일만 하기 위해서 필터링을 하고 있다. 주변 정리가 끝난 후, 정말 중요한 일들에만 내 시간을 쏟고 있다. 우리의 시간은 한정적이다. 나는 앞으로도 가치 있는 일에만 내 시간을 쓸 것이다. 남에게 강요하지 말자. 마음 내킬 때 자발적으로 할 수 있게 의사를 존중해주자. 남을 바꾸려 하기보다는 스스로 먼저 바뀌면 알아서 따라오게 되어 있다. 미국의 동기부여 강연가 토니 로빈스는 말했다. "성취도 중요하지만, 매 순간 즐기는 것이 중요하다. 가장 중요한 결정은 어떤 경우에서도 가장 아름다운 상태로 살 것이라 결정하는 것이다. 당신 자체의 핵심요소는 아름다운 선택을 하는 것이다." 아름다운 선택을 하기 위해서는 많은 생각보다 행동으로 실행하는 일이 더 중요하다. 인생의 가장 궁극적인 실패는 모두를 행복하게 했지만, 나 자신 스스로를 행복하게 하지 않는 것이다. 오늘 결정하자! 나 스스로에게 가장 행복한 선택을 하기로!

PART 3

흔들리지 않는 마음을 키우는 법

01

당신은 누구의 인생을 살고 있는가?

인생에서 가장 슬픈 3가지.
할 수 있었는데, 해야 했는데, 해야만 했는데.

– 루이스 E. 분

나는 나, 너는 너! 나의 인생을 살자

삶을 되돌아보면 나도 모르게 나를 옭아매는 것들이 많다. 우리나라는
아직도 곳곳에 유교사상이 깊게 배어 있는 것 같다. 명절에 가족들을 민
나러 시골에 가면 특히 더 그렇다. 가족끼리 저녁 밥상에 모여 앉아 있을
때였다. 쌈을 싸먹기 위해 앞 접시 위에 갖가지 다진 채소들을 얹었다.
고기 한 점을 더 얹고 콧노래를 흥얼거리며 쌈을 싸고 있을 때였다. 바로

옆에서 밥을 드시던 아버지께서 내게 한마디를 건넸다.

"여자가 무슨 쌈을 그래 둘둘 말아가 남자처럼 싸서 먹노?"

아버지의 한마디에 나는 의문이 들었다. 여자가 쌈을 싸 먹는 방법이 따로 있는 것일까?

사실 누가 봐도 모양이 예쁜 쌈은 아니었다. 그 당시 나의 치아에는 철도가 설치되어 있었기 때문에, 내 나름대로 먹기 편하게 싼 것이었다. 내 맘도 모르는 아버지가 내심 얄미웠다. 나는 '푸하하!' 크게 폭소하며 아버지의 말을 받아쳤다.

"아빠, 쌈 싸 먹는데 정답이 있나? 내 먹기 편하게 싸 먹으면 되는 거 아이가?"

맞은편에 계시던 할머니는 그 상황이 재밌으신지 "그래, 맞다. 정답이 어딨노?"라며 내 편을 들어주셨다. 그런데 뒤이은 큰아버지의 한 방이 강력했다.

"여자가 뭐 그래 요란하게 웃노? 좀 여성스럽게 웃어라. 남자들 다 도 망가겠다."

'여자는 이러이러해야 한다.' 이 법칙은 도대체 누가 만든 걸까? 큰아버 지에게 '저 이렇게 웃어도 인기 많아요.'라고 말하고 싶어 입이 근질거렸 지만 참았다. 분명히 말대꾸한다고 뭐라 하실 것이 뻔했다. 이미 웃었으 니 끝까지 웃기로 했다. 모처럼 만난 가족들과의 식사 분위기를 망치고 싶지 않았다.

누군가는 의사 집안이라는 이유로 의대를 가고, 누군가는 부모의 기대 로 원치 않는 공부를 시작한다. 이런 가르침은 여전히 우리를 지배하고 있다. 집안의 명예나 체면으로부터 우리를 옴짝달싹 못하게 만든다. 꼭 유교사상 때문이 아니더라도 저마다의 삶의 짐을 짊어지고 살아간다. 누 군가는 남자란 이유로 울지 못하고, 누군가는 여자란 이유로 당당한 목 소리를 내지 못한다. 유치하다는 소리가 두려워 원하는 바를 분명하게 말하지 못하고, 쪼잔하다는 말을 듣기 무서워서 수시로 손해를 본다. 또 누군가는 소속집단에서 밀려나지 않기 위해 안간힘을 쓴다.

미디어에서는 멋진 삶이라면 갖춰야 할 모습들이 시시때때로 방영된다. 우리는 필요하지 않은 것까지 욕망하며 자신에게 맞지 않는 옷을 입으려 낑낑대고 있다. 그렇게 우리 인생 주변에는 내가 원하지도 않는데 당연한 듯이 해야 할 일이 사방으로 쌓여간다. 당연하게 추구해온 꿈조차 내 바람인지, 타인의 바람인지 구별이 되지 않는다. 그러다 경쟁과 비교해서 조금이라도 밀리면 우리는 쉽게 길을 잃어버린다. 무엇을 원하는지조차 모르는 못난 자신이 원망스럽다.

"왜 이렇게밖에 못할까?"
"나는 누구를 위해 이 삶을 살고 있는 걸까?"

그러다 문득 깨닫게 된다.

'아, 나조차도 내 편이 아니었구나.'

주현성 저자의 『오늘 잃어버린 자존감을 찾았습니다』에서 말하는 우리의 실상이다. 우리는 진정으로 자신의 편이 되어본 적이 있는가? 수시로 밀려오는 한숨과 삶의 무게를 꾹꾹 억눌러가며 살아온 것일지도 모른다.

우리는 가족의 기대, 남자라면 여자라면 어떻게 해야 한다는 사회적

관념, 미디어에서 떠드는 삶의 좋은 조건으로 인해 숨이 막힐 때가 있다. 우리도 모르게 그것들이 우리를 옭아매고 있기 때문이다. 이런 것들이 당연해질수록 우리가 충족하지 못하는 것들이 생기게 마련이다. 사실 잘 살고 있으면서도 괜히 남의 기대에 못 미치는 것 같고, 남들보다 부족한 것만 같다. 누군가와 나를 '비교'하면서부터 인생의 비극이 시작되는 것이다.

심리학자 칼 로저스는 이와 같은 극복방법을 '섬'에 비유하여 설명한다. 우리 자신을 '섬'으로 여기라는 것이다. 나는 하나의 섬이고, 다른 사람도 하나의 섬이다. 개개인은 각자 타고난 환경과 성향이 너무나 다르다. 매 순간 부딪히는 인생 경험 또한 결코 같을 수 없다. 간혹 다리를 놓고 교류할 수는 있지만, 우리는 따로 떨어진 섬이다.

더 간단히 얘기하면 '나는 나, 너는 너'의 경계선을 긋는 것이다. 많이 들어본 말이지만, 우리는 스스로에게 이 말을 해주지 않는다. '나는 나, 너는 너'와 같은 생각이 자리 잡고 있으면 자연스럽게 내가 가진 생각과 행동들에 대해 당당해진다. 눈치를 보거나 주눅들 일도 없어진다. 상대방의 생각도 맞을 수 있지만, 내 생각 역시 맞을 수 있기 때문이다. 남이 나를 어떻게 생각하는지에 대해서도 연연하지 않아도 된다. 그 누가 나를 업신여기려 해도 기껏해야 그 사람의 관점에 불과하다. 크게 마음을 쓸 필요가 없다. 모두가 나를 좋아해야 한다거나, 당연히 나를 반겨주기를 원치 않게 된다. 그런 것은 애당초 가능하지 않다는 것을 잘 알기 때문에 상대를 더 이해하게 된다. 내가 맞을 수 있지만, 타인의 생각도 맞을 수 있다는 가능성을 열어둔다. 그렇기에 반박하거나 틀렸다고 하지 않고 그 사람의 사정을 가늠해보게 된다.

우리는 너 나 할 것 없이 행복을 위해 열심히 달려왔다. 좋은 대학, 좋은 직장, 화목한 가정을 위해. 다시 한번 스스로에게 질문해보자. 진정한 자신의 삶을 살아가고 있는가?

모든 것은 내 인생으로부터 비롯된다

칼 로저스가 추천한 극복방법은 근본적인 문제해결에 도움을 준다. 나는 어릴 때부터 사람들에게 미움받는 것을 못 견뎌했다. 모두가 나를 좋아해야지만 내가 좋은 사람이 된 것만 같은 기분이었다. 때때로 거절을 당할 때에도 버림받는 기분이 들어 극도로 예민해졌다.

처음부터 '모두가 나를 좋아할 수는 없다. 열 명 중에 한 명이라도 나를 좋아해주면 다행인 것이다.'라고 생각했더라면 혼자 이토록 스트레스는 받지 않았을 것이다. 불가능한 전제를 가능하게 만들려 하다 보니 탈이 난 것이다. 내가 특별히 잘못을 하지 않아도, 나를 싫어하는 사람은 있게 마련이다. 그런 사람의 마음을 일일이 신경 쓰다 보면 정작 신경 써야 할 내 자신을 외면하게 된다. 나아가 내 곁에 나를 좋아해주는 사람에게도 소홀해질 수밖에 없다. 정말 필요한 곳에 에너지를 쓰지 않고, 엉뚱한 곳에 에너지를 낭비만 하고 온 격이다. 그러다 보면 스스로가 방전되고 금방 지치기 쉽다. 인간관계는 예측이 불가능하다. 내가 준 만큼 반드시 돌아온다는 보장도 없다.

스스로도 애쓰는 일을 내려놓아야 할 필요성이 여기 있는 것이다. 사람들에게 무턱대고 잘해주기만 하다 '호구' 취급을 당해본 적이 있었다. 그로 인한 피해의식에 사로잡혀 사람을 무작정 내치며 벽을 치던 때도 있었다. 인간관계에 어려움을 호소하며 혼자 동굴로 숨어버리기도 했다. 어떤 날은 사람이 사무치게 그리웠고, 어떤 날은 사람이 지겹도록 싫었다. 이렇게 변덕스럽고 짜증이 많은 내 모습을 이해해줄 사람이 있을까? 그러나 가장 가까운 곳에 나를 이해해줄 사람이 있었다. 바로 나였다. 슬프고 서러워도 내 인생이었기에 포기하지 않고 감싸 안을 수 있었다.

마음이 힘들 때 읽으면 내게 희망을 심어주는 저서들 중 한 권이 있다. 바로 오프라 윈프리의 저서 『내가 확실히 아는 것들』이다. 그녀는 저서에서 다음과 같이 말했다.

　내가 그토록 갈망했던 사랑과 인정이라는 것이 나 자신 밖에서 찾을 수 있는 것이 아니라는 진실을 알게 된 것은 그로부터 여러 해가 지난 후였다. 이제는 확실하게 안다. 깊은 관계의 부재란 내가 다른 이로부터 멀리 떨어져 있다는 뜻이 아니라, 내가 나를 외면하고 있다는 것을 말한다는 걸. 물론 우리의 삶을 풍요롭게 하고 지탱해주는 관계는 누구에게나 필요하다. 하지만 나를 치유해주고 완전하게 해줄 사람. '너는 아무런 가치도 없다'며 항상 내 안에서 속삭이는 목소리를 잠재워줄 누군가를 찾고 있다면 그것은 시간 낭비다. 그 이유는 간단하다. 자신이 가치 있는 존재라는 걸 스스로 깨닫지 못하는 사람을 친구나 가족이 나서서 그렇지 않다고 완전히 이해시키는 것은 불가능하기 때문이다. 배우자조차도 그렇게 할 수는 없다.

　나 자신이 중요한 삶의 의미를 가지고 태어난 사람이라고 생각하는 것은 절대로 어렵지 않다. 그냥 그렇게 자신을 바라보겠다고 선택하기만 하면 된다. 부모에게서 마땅히 받아야 할 인정을 받지 못했다는 사실에 집착할 필요가 없다. 물론 당신은 부모에게서 그런 사랑을 받아야 했지만 그것은 과거일 뿐, 이제 그 사랑을 스스로 선사하고 앞으로 나아가기만 하면 된다. 당신이 얼마나 근사한 어머니인지 아이들이 말해주기를,

멋진 남자가 당신을 품에 안아들고 결혼해주기를, 친한 친구가 당신은 가치 있는 존재라고 안심시켜주기를 기다린다면, 이젠 그 기다림을 멈추고 나의 내면을 바라보자. 사랑은 나와 함께 시작하는 것이다.

오프라 윈프리의 말처럼 모든 것이 내 인생으로부터 비롯된다. 사랑도 나와 함께 시작하는 것이다. 우리는 모두 자기 자신이 가치 있게 여겨지고 싶다는 소망이 있다. 우리는 다른 누군가에게 특별한 존재인 것처럼 느끼고 싶어 한다. 마치 '너는 정말 괜찮은 사람이다.'라는 것을 확인 받는 것이 유일한 존재의 이유인 양 타인의 인정에 목이 말라 있다.

내 인생을 잃으면서까지 남에게 인정받을 필요는 없다. 더 이상 남의 눈치 안 보고 내가 하고 싶은 것을 해야 한다. 지금까지는 평범하고 안일한 삶이었다면, 앞으로는 독특하고 특별한 삶으로 개선해나가야 한다. 오늘이 당신 인생의 마지막 날이라 해도 지금과 똑같은 하루를 보내겠는가? 죽음의 순간에 다가가본 경험이 있는 사람이라면 알 것이다. 삶의 마지막 순간에 내가 투자한 주식의 가치가 얼마나 되는지, 내가 얼마나 야근을 자주 했는지를 떠올릴 가능성이 희박하다는 것이다. '만약 내가 그때 그랬더라면'과 같은 가정의 질문이 머릿속에 떠오를 것이다. 진창에서 허덕일 것인지 꽃처럼 활짝 피어날 것인지는 언제나 내 손에 달려 있다. 내 삶에 가장 큰 영향을 끼치는 단 하나의 존재는 바로 '나 자신'이기 때문이다.

삶의 의미와 가치는 오직 스스로만이 가질 수 있기에, 남들이 매기는 가치는 나에게 영향을 미칠 수 없다. 오로지 스스로 삶의 의미와 가치를 찾아야 하는 것이다. 스스로 삶의 주인이 되면 타인의 시선과 평가에 쉽게 주눅 들지 않고, 비교하지 않게 된다. 누군가 내 삶을 평가하려 든다면 '나는 나, 너는 너'의 경계선을 긋자. 이는 당신이 매일 내려야 하는 결정이다. 세상 안에서 살아가되 사람들로 인해 함몰되지는 않겠다는 나와의 다짐이자 굳은 약속이다.

02

당신의 인생은 여전히 아름답다

기억해, 너는 세상을
햇빛으로 가득 채울 수 있는 존재라는 걸.

- 〈백설공주〉 중에서

자매의 잊지 못할 줌바 여행

동생에게 물었다.

"도희는 언니랑 뭐 할 때가 제일 즐겁고 좋았어?"

"음~ 엄청 많긴 한데. 그중에서 하나 뽑자면 언니랑 줌바댄스 자격증 따러 간 거!"

자격증 명목을 빙자한 두 자매의 줌바여행. 이틀 과정이라 킨텍스 가까운 곳에 숙소도 예약해두었다. 줌바음악을 들으며 창문 틈새로 들어오는 바람에도 얼마나 가슴이 설렜는지 모른다. 동생도 조수석에서 들썩거리며 춤을 추었다. 두 자매는 치아에 장착된 철사를 버젓이 드러내며 바보같이 웃었다. 음악을 들으며 신나게 오다 보니 어느새 목적지에 도착해 있었다. 킨텍스는 웅장한 비주얼을 과시하며 우리 앞에 우뚝 서 있었다.

　　강연장에 있는 선생님과 수강생들은 우리를 반갑게 맞이해주었다. 모두가 아침 일찍 나와 잠이 덜 깼을 텐데도 싱그러운 분위기였다. 강연은 아침 9시부터 오후 6시까지 진행되었다. 메렝게, 살사, 쿰비아, 레게톤 네 가지의 기본동작을 익히며 음악에 맞춰 계속 춤을 췄다. 점심시간이 돼서야 동생의 얼굴을 제대로 볼 수 있었다. 동생은 하필 그날이 마법에 걸린 날이었다. 배에 통증이 심해져오는지 식은땀을 뻘뻘 흘리며 얼굴이 창백해져 있었다.

　　"도희야, 통증 심하면 밥 먹고 진통제 먹자. 정 안 되겠으면 차에 가서 쉬고 있을래?"

　　"언니 땀 흘리면서 열심히 하는 거 보니까 나도 끝까지 해보고 싶어."

그렇게 아픈 와중에도 동생의 눈은 결의에 차 있었다. 역시 내 동생이었다! 기특해서 머리를 한 번 쓰다듬어주고는 다시 파이팅을 외쳤다. 그렇게 둘이서 땀을 왕창 쏟고 숙소에서 곯아 떨어졌다. 다음 날 아침도 일찍 나가야 했다. 아침잠이 많은 자매는 꾸역꾸역 침대에서 일어나 허둥지둥 옷을 입고 시간 맞춰 도착했다. 내 동생은 둘째 날에 통증이 더 심한 모양이었다. 전날보다 더 기운이 없어 보였다. 걱정스러운 마음에 한쪽 구석에서 쉬라고 했다. 동생은 벽 뒤에 웅크린 채로 배를 꼭 부여잡고 있었다. 춤을 추는 틈틈이 동생이 괜찮은지 힐끔힐끔 확인했다. "합! 합! 헛! 헛!" 수강생들과 함께 구호를 외치면서도 동생을 살폈다. 내 모습을 보며 신기해하던 동생은 금방 기운을 차렸다. 막판에는 나보다 더 열심히 추고 있는 동생의 모습에 뿌듯했다. 내가 좋아하는 것을 함께하고 기뻐해주니 이보다 더 좋을 수 있을까? 석양이 지고 있는 노을을 바라보며 돌아오는 길이 얼마나 황홀했던지. 30년 통틀어 최고로 뿌듯한 경험이었다. 줌바댄스를 추며 밝게 웃는 내 모습이 세상에서 가장 아름답게 빛나는 것 같았다.

삶의 모습이 어떠하든 당신은 여전히 아름답다

"딸아, 너 정말 괜찮은 거니?"

카페에서 신나게 원고를 쓰고 있던 찰나, 아버지가 등장했다. 다리에는 아직 깁스가 그대로 있는 상태였다. 딸이 걱정할까 봐 절뚝거리는 모습을 보여주지 않으려고 많이 노력하시는 것 같았다. 평소의 나였다면 그날도 아버지 앞에서 울었을지 모른다. 아버지가 나를 보는 걱정스런 눈빛이 고스란히 전해졌다. 20대 초반부터 서울에 혼자 지내면서 힘들다며 아버지에게 전화해서 운 적이 참 많았다. 딸이 힘들어하는 모습에 아버지의 가슴은 얼마나 무너졌을까? 지금 생각해보면 가장 후회가 되는 일 중 하나이다. 아버지는 딸이 렌터카 사기사건으로 인해 힘겨워하는 과정들을 수화기 너머로 함께 겪었다. 법무사, 변호사, 경찰, 형사, 아는 오빠, 아버지 후배, 삼촌까지 총동원했지만 결과는 참담했다. 사기꾼들이 변호사를 고용해 돈으로 해결하는 바람에 허탈하게 끝이 난 것이다. 고소장을 냈던 강남경찰서에서도 돌아온 건 도움이 못 되어 미안하다는 말뿐이었다.

"사기꾼들이 교묘하게 법에 안 걸리게끔 손을 써놔서 저희로서도 어쩔 수가 없네요. 원하는 결과가 안 나와서 속상하시겠습니다. 권미래 선생님, 도움을 못 드려 죄송합니다."

우리나라 법이 그렇다. 사기꾼을 강력히 처단하기에는 아직 많이 미흡

하다. 민사로 갈 경우 시간도 오래 걸리고, 돈을 받을 수 없을 가능성이 더 크다. 대개 사기꾼들은 집이나 차를 본인 명의로 하지 않는다. 내게 사기를 쳤던 렌터카 회사를 조사해보면서 확인한 사실이다. 그곳에 일하는 작당들 모두가 본인 명의로 무언가를 가진 게 없었다. 변호사 사무실 다섯 곳에서 상담을 받았지만, 돈을 받을 수 없다고 생각하는 것이 마음 편할 거라는 말만 돌아왔다.

내가 이런 일을 겪게 되자 아버지는 속상해하시며 말했다.

"아빠가 돈이라도 많았더라면, 우리 딸이 혼자 이렇게 힘들어하지는 않았을 텐데. 미안하다."

내 실수는 온전히 내 책임이다. 아버지에게 물어보지도 않고 스스로 선택한 일이다. 너무 힘들 때는 나도 가끔 그렇게 생각한 적이 있다. '우리 아빠가 부자였더라면, 내가 돈 때문에 힘들지 않았을까?' 꼭 돈이 아니더라도 인생에 힘든 일은 분명 있었을 것이나. 한 살이라도 어릴 때 빨리 겪고 깨닫는 것이 다음 실패를 줄이는 일이다.

나로 인해 마음고생 많으셨을 아버지에게 미안했다. 지금부터라도 아버지에게 밝고 씩씩한 내 모습을 보여드리고 싶었다. 그래서 글 쓰는 일을 제대로 해보자고 마음을 굳게 먹었다. 책을 쓰고 있다는 내 말에 아버지는 의아해하시며 몇 번을 내게 다시 물어봤다. 아버지의 눈빛이 아련했다.

"딸아, 너 정말 괜찮은 거니?"
"아빠, 나 진짜 괜찮아. 카페에 앉아서 이렇게 글 쓰고 있으면 세상을 다 가진 기분이야. 나 정말 행복해요. 아빠가 늘 말했죠? 다른 거 안 바라고 딸들이 행복했으면 좋겠다고. 이제야 내가 진짜 행복한 일을 찾았어요. 나 잘할 수 있어요. 걱정 말고 응원해줘, 아빠!"

책 쓰기로 인해 어제의 나보다 더 나은 내가 되어 있었다. 원고를 쓰는 동안 진짜 나를 들여다보는 것 같아서 정말 행복했다. 책을 쓴다는 것은 나를 빛내는 일이다. 월간 〈좋은 생각〉에서 발췌한 주옥같은 글을 여러분께 띄워 보낸다.

진흙탕에서 자라나는 연꽃은 그 잎이 더러움에 물들지 않는다고 한다. 오히려 고고한 자태를 뽐내며 그 어떤 꽃보다 아름답고 청순하게 빛난다. 우리네 삶도 그렇다. 때때로 진흙탕 같은 순간을 맞이하지만 당신의 삶은 그 순간에 굴복하지 않는다. 오히려 우아한 자태를 뽐내며 그 누구보다 청초하고 맑게 빛난다. 삶의 모습이 어떠하든 당신은 여전히 아름답다. 우리에게는 한 번뿐인 인생을 밝은 모습으로 살아갈 권리가 있다.

지금이 제일 좋아!

"언니, 만약 과거로 돌아갈 수 있다면 언제로 돌아가고 싶어?"

동생이 진지하게 물었다. 둘이서 점심을 먹고 산책로를 거닐고 있을 때였다.

"으음, 언니는 딱히 과거로 돌아가고 싶지 않은데…. 지금이 제일 좋아!"

나는 눈을 한 번 크게 떴다가 장난스럽게 웃으며 대답했다. 너무 진지한 질문에 장난처럼 대답했지만 그게 내 진심이었다. 질문을 받는 순간, 순식간에 30년 동안의 내 삶이 영화의 파노라마처럼 지나갔다. 몇 해 전까지만 해도 지인으로부터 렌터카 사기를 당해 엄청 골머리를 앓던 나였다. 동생과 평화로이 함께 걸을 수 있는 지금이 너무 감사했다.

03

오늘은 행복할 계획입니다

행복과 성공의 공식은 단순하다. 단지 자기 자신이 될 것.
당신이 할 수 있는 가장 반짝반짝 빛나는 스스로의 방식을 찾을 것.

– 메릴 스트립

사람이 믿는 대로 이뤄진다

한 소년이 있었다. 반장이 된 그 소년의 어머니는 육성회비를 낼 돈이
없어서 매일 교문 앞 청소를 했다. 지독한 가난이었다. 가난 앞에 일부러
더 웃어 보였던 소년은 개그맨을 꿈꾸었다. 비극적인 현실을 지울 수 있
는 건 웃음뿐이었다. 소심한 성격 탓에 엄두조차 못 냈던 밤무대 생활까
지 하며 출연료 대신 고기를 받던 날도 있었다. '내일 뭐 하지?'로 고민하

며 14년의 무명 생활을 겪으면서도 '할 수 있다!'는 긍정의 힘으로 포기하지 않았다. 바로 국민 MC 유재석의 이야기다.

말하는 대로, 생각한 대로 정말로 이루어질까? 의심하던 순간이 있는가? 믿으면 믿은 만큼, 의심하면 의심한 만큼 일이 생긴다.

어린 시절의 나는 내 자신을 믿지 못했다. 그래서 가까운 가족에게도, 다른 사람들에게도 늘 의심을 품고 살았다. 나 또한 넉넉하지 못한 환경에서 자랐다. 초등학교 3학년 무렵에 다니던 영어 · 수학 학원에서 있었던 일이다. 열다섯 명가량의 아이들과 함께 수업을 듣고 있을 때였다. 갑자기 원장 선생님께서 내 이름을 크게 불렀다. 이내 감정 없는 말투로 말씀하셨다.

"권미래! 학원비 6개월치 밀렸다. 마치고 집에 가서 아버지께 말씀 드려라."

얼굴이 붉어지면서 온몸이 부들부들 떨렸다. 순간 학원 분위기가 싸늘해지면서 이내 정적이 흘렀다. 왁자지껄 떠들던 아이들의 시선이 일제히 내게 쏟아졌다. 쥐구멍이 있다면 숨고 싶었다. 그 자리에 앉아 있는 내 모습이 부끄럽고 수치스러웠다. 눈물이 새어나올 것 같았지만 꾹 참았다. 눈앞이 캄캄했다. 더 이상 학원을 다닐 수 없을 것만 같아 내심 걱정되었다. 아빠를 여러 번 졸라 겨우 다니게 된 학원이었다. 그동안 학원비를 부치고 있다는 아빠의 말만 철석같이 믿어왔는데. 결과적으론 아니라니. 아빠에 대한 배신감도 함께 밀려왔다.

아빠는 늘 집에 없었다. 나는 갓난아기 때부터 할머니 댁에서 자랐고, 아빠와는 전화로 소통하는 것이 전부였다. 이 복합적인 감정을 주체할 수 없어 아빠에게 바로 전화를 걸었다.

"아빠, 학원비 부치고 있다면서? 나한테 왜 거짓말했어? 원장선생님이 친구들 앞에서 학원비 밀렸다고 뭐라 하시는데 내가 얼마나 쪽팔렸는지 알아? 학원비도 못 줄 거면서 나를 왜 낳았어!"

처음에는 화가 나서 말했지만, 나중에는 서러워서 눈물이 났다. 이렇게 쏟아내고도 마음이 후련하지 않았다. 내심 아빠에게 미안한 마음이 컸다. 어쩌면 원장님의 실수였을지도 모른다. 조용히 나만 따로 불러 얘기할 수 있었음에도, 많은 아이들 앞에서 나는 무참히 짓밟혀 종잇장처럼 구겨진 느낌이었다. 아빠는 내 말에 충격을 받으셨는지 몇 분간 침묵하시더니 이내 말씀하셨다.

"미안하다. 아빠로서 할 말이 없다. 사정이 좋지 않아서 못 부쳤는데 학원비가 꽤 많이 밀렸구나. 아빠가 원장 선생님께 전화드릴 테니 걱정 말고 공부 열심히 하고 있어라."

어렸던 나는 끝까지 아버지의 말을 믿지 못했다. 스스로를 믿지 못했기 때문에 다른 사람을 믿는다는 것은 더 어려운 일이었다. 그날의 일을 계속 곱씹으며 스스로의 마음에 상처를 내고 있었다. 가난한 내 처지를 원망하고 슬퍼하는 일은 생각보다 쉬웠다. 쉬운 만큼 마음의 고통이 뒤따랐다.

'아빠가 또 학원비를 부치지 않으면 어떡하지? 그러면 난 또 똑같은 창피를 당할 텐데. 그럴 바에는 차라리 학원을 안 다니는 게 낫겠어.'

스스로 학원을 포기했다. 그 일이 있은 후로 몇 달 동안 아빠의 전화도 받지 않고 할머니에게 나의 힘듦을 토로했다. 할머니는 아빠에게 전화를 거셨다.

"학원비도 안 내고 애를 왜 그렇게 힘들게 하냐. 네 딸 며칠간 밥도 안 먹고 계속 집에 처박혀서 울기만 한다."

아빠의 가슴에 두 번째 비수를 꽂았다. 말하는 대로, 생각한 대로 이뤄진다는 말. 정말 무섭게도 다 맞는 말이다. 그 당시 나는 나를 믿지 못해서 아버지도 믿지 못했다. '이대로는 더 이상 학원에 못 갈 거야.'라며 스스로 고통을 자처하고, 계속 학원에 갈 수 없는 상황으로 나를 몰아갔다. 그럴 시간에 공부를 더 열심히 했더라면 어땠을까?

사람은 큰 계기가 있지 않는 한, 같은 실수를 반복하게 마련이다. 2년제 대학을 졸업하고 명지대학교 스포츠지도과로 편입했다. 1학기를 끝내기도 전에 학비가 부담되어 잠시 휴학을 내고 치어리더를 하게 되었다. 주로 맡은 일은 프로농구팀, 프로야구팀, 프로배구팀을 응원하는 일이었다. 화려한 무대의 모습과 달리 무대 뒤의 내 모습은 초라하기 그지없었다.

대학로에 있는 여성전용 고시원에 살면서 월 100만 원도 벌지 못했다. 화려해 보이는 겉모습 뒤로 궁핍한 생활이 이어졌다. 밤마다 옥상에 올라가 현실을 탓하고 아버지를 원망했다. 주위 사람들에게 도와달라고 하기에는 자존심이 허락하지 않았다. 심지어 그 당시 만났던 남자친구조차도 내가 고시원에 산다는 것을 몰랐다. 내 처지가 비참하게 느껴져 차마 말할 수 없었다. 가까운 친구들도 몰랐다. 고시원 월세 35만 원 낼 돈이 부족하여 처음으로 아버지에게 3개월간 손을 내밀었다. 갈수록 내 미래가 보이지 않았다. 아버지에게 더 이상 의지하는 것도 부끄럽고 미안했다.

그러다 1년도 채 안 돼 치어리더를 그만두었다. 자욱한 안개 속에 있는 것처럼 내 앞날이 희미하게 느껴졌다. 어린 나의 시각으로는 단지 좋아 보여서 시작했다. 화려한 이면 뒤에 감춰진 삶은 궁핍하고 초라했다. 나는 없어 보이게 살고 싶지 않았다. 나도 부자들처럼 멋있고 부유하게 살고 싶었다.

그때부터 밤낮으로 책을 읽으며 공부하고, 낮에는 헬스장에 아르바이트를 했다. 아르바이트를 하며 헬스 트레이너 자격증 학원을 다녔다. 트레이너 일을 하면서 1년에 1번씩 비키니 대회에 나갔다. 4년 동안 운 좋게 네 번 다 수상의 영광을 거머쥐었다. 헬스가 지겨워질 무렵 줌바댄스를 알게 되었다.

내 삶의 행복은 성취감에서 나온다

성취를 이룩한 그 순간에는 내가 한 단계 성장한 것만 같은 묘한 기분이 든다. '나'라는 사람이 의미 있는 일을 하고 있을 때 가장 뿌듯하다. 독서도 그중 하나였다. 틈틈이 마음수련이 필요할 때 책은 내게 동기부여를 심어주는 윤활제와 같은 역할을 했다. 사람들을 만나기 싫은 날에는 조용히 다가와 나의 친구가 되어주었다. 작가의 생각을 읽어내려 갈 때면 마음 한 구석이 따뜻해졌다. 내 삶의 위안이 되어주는 존재였다. 때때로 사람들과 대화하는 것보다 책을 읽는 것이 더 재밌기도 했다.

김태광 작가님의 『마흔, 당신의 책을 써라』를 읽으며 '나도 마흔 살에 책을 내야지.'라고 영혼 없이 되뇌던 말이 현실이 되고 있는 지금. 운 좋게도 〈한국책쓰기1인창업코칭협회〉를 만나서 책을 읽는 독자에서 책을 쓰는 저자로 신분 상승 중이다. 김태광 도사님은 나의 10년을 단축해준 은인과도 같은 분이다. 책을 쓰는 법도 그분에게서 배웠다. 도사님이 아니셨다면 나는 영영 책을 펴낼 수 없었을지도 모른다. 내가 좋아하는 글을 쓰면서 그 속에 내 삶을 담아내는 일은 너무 행복하다. 나는 지금 이 순간을 '뜻밖의 행운'이라고 표현하고 싶다. 지금까지 고단하고 힘들게 지냈던 삶을 보상이라도 받듯, 새로운 삶이 펼쳐지고 있기 때문이다. 도사님과 〈한국책쓰기1인창업코칭협회〉 소속 작가님들에게도 감사를 전하고 싶다.

37세에 뇌졸중으로 뇌가 무너지는 경험을 했던 하버드대 연구원 질 볼트 테일러는 말했다. 어떤 고통스러운 생각을 하든 자발적으로 그 감정 회로에 접속했다는 걸 알기만 하면 그 고통으로부터 즉시 벗어날 수 있다고 말이다. 우리의 생각과 마음은 뇌와 연결되어 있다. 그녀는 죽음에 대한 두려움보다 살아 있는 현재에 감사했다. 보이지 않는 미래의 성공이 아닌 오늘 하루 내가 이뤄낸 작은 성취에 주목했다. 뇌졸중이 걸리고 6개월 만에 회복하지 못하면 가망이 없다고들 한다. 8년 동안 그녀는 점

차 회복했고, 값진 삶을 되찾았다.

오늘 하루 내가 이뤄낸 작은 성취는 무엇인가? 진정으로 행복하고 싶다면 바로 '지금, 여기'에 집중해야 한다. 오늘의 작은 성취가 모여 내일의 큰 성공이 이뤄지는 것이다. 우리가 오늘 어떤 생각을 하고, 어떤 마음을 먹느냐에 따라 불행한 어제와는 완전히 다른 삶을 살 수 있다. 머릿속으로 끊임없이 행복을 생각하고, 행복을 말한다면, 어느 순간에 행복이 내 곁에 와 있을 것이다. 아리스토텔레스는 말했다.

"행복한가? 그렇지 못한가? 결국 우리들 자신에게 달려 있다."

04

당분간이라도 나를 위해서만 살아보라

자신을 사랑하는 것은
평생에 걸친 연애의 시작이다.

– 오스카 와일드

아홉 번 잘한 것보다 한 번의 실수를 기억하는 사람들

주위 사람들이 종종 내게 의문을 가지며 솔직한 심정을 털어놓았다.

'미래는 정말 누구보다 열심히 살고, 열정이 넘치는 걸 보면 옆에 있는 사람한테도 좋은 자극을 줘. 그런데 한 번씩 욱하면서 말하면 정말 다른 사람 같단 말이야. 그동안 쌓아온 좋은 모습을 한순간에 무너뜨릴 정도로.'

그 말에 극심한 충격을 받았다. 마음 한구석에 스크래치가 나는 것 같았다. 화가 나서 감정적으로 했던 말 중에 정말 진심이 아닌 것도 있었다. 너무 속상한 나머지 마음과는 반대로 불쑥 튀어나온 말이었다. 내 마음을 헤아려달라는 간절한 메시지도 그 말 안에 내포되어 있었다. '사람들은 겉으로 보이는 모습으로만 내 전체를 판단하는구나.' 나 또한 하나의 인간에 지나지 않았다. 모두를 포용하려 애쓰던 내 마음이 나락으로 떨어지면서 마음을 닫아버린 건 그날 이후였던 것 같다. 사람들은 열 번 잘해준 것 중에서 한 번의 실수를 기억하고, 아홉 번의 잘한 것들은 잊어버린다.

평소에 사람들에게 노력하지 않다가 딱 한 번 잘한 걸로 칭찬받는 친구 K가 있었다.

"와, K 너 나한테 무심한 줄로만 알았는데 진짜 감동이야."

옆에 있던 친구 J가 말했다. 그 소리를 옆에서 듣던 나는 인간관계의 극심한 회의감을 느꼈다. '지금까지 내가 잘했던 아홉 번은 대체 뭐였을까?' 사람들에게 마치 나는 당연히 그래야 하는 사람, 늘 노력하는 사람이니까 잘하는 게 당연한 사람, 그런 존재가 된 것만 같아서 갑자기 너무

서글퍼졌다.

사실 며칠 전 J와 나는 처음으로 다퉜었다. 그날 점심시간 무렵, 평소와 달리 나는 유독 기분이 예민해져 있었다. 그런데 K와 J 그리고 나, 세 명이 있는 채팅창에서 J가 나를 다급히 찾고 있었다.

"미래야, 혹시 집에 있는 방향제 네가 엎어뜨렸나? K는 아니라고 하는데 네가 그랬나 싶어서. 선물 받은 거라 아끼는 건데 네가 그랬으면 미리 얘기 좀 해주지 그랬니?"

왜 하필 그 타이밍에 메시지를 본 걸까? 그 말을 듣자마자 내 마음 어딘가에서 분노의 불길이 마구 솟구쳤다. 사실 내가 엎은 건지도 확실히 기억나지 않았다. 출근시간 9시에 맞춰 아침부터 분주하게 출근 준비를 하는 두 친구와 달리, 내 출근시간은 대개 10시였다. 친구들보다 조금 더 시간적 여유가 있던 나는, 아침식사를 꼭 먹는 습관이 있었다. 그래서 항상 친구들 몫까지 함께 아침밥을 차렸다. 내가 만든 음식을 먹으며 맛있다며 잘 먹는 모습이 좋아서 자주 그렇게 했다. 친구 두 명은 먼저 출근하고 나는 그때서야 식탁을 정리하고 내 준비를 했다. 가방을 챙기다 그랬는지, 정신없이 나가다 모르고 지나친 건지 방향제가 엎어졌다는 걸 생각조차 못했다. 무언가 하나에 집중하고 있을 때는 그것 외에 안 보이는 평소에 나라면 충분히 그럴 수 있겠다 싶었다.

'아무리 그렇다고 해도 충분히 이해하고 넘어갈 수 있는 문제가 아닌가? 아니면 퇴근 후 집에서 둘이 조용히 얘기하면 될 것을. 이렇게 메시지까지 할 정도로 방향제가 중요한 건가?'

가뜩이나 예민했던 나는 이런 생각까지 들었다.

"정신없이 급하게 나와서 잘 모르겠어. 설령 내가 엎었다면 미안한 일이 맞지. 근데 꼭 그렇게 메시지로 해야 될 정도로 급한 일이니? 내 기분 상하는 것보다 방향제가 더 중요한 거네?"

나는 화가 나면 말투가 싹 바뀌었다. 상대방이 듣기에는 비꼬는 것처럼 들릴 수 있을 정도로 공격적이었다. 평소에 화를 잘 내지 않던 J도 내 말에 갑자기 화가 났는지 메시지로 'ㅆ'이 들어간 욕을 뱉는 것이었다. 나는 급기야 이성을 잃었다. 감정에 사로잡혀 눈에 보이는 게 없었다. 동공은 확장 되면서 팔이 부들부들 떨렸다. 다른 건 다 참아도 욕설은 참을 수 없었다. 상대방이 욕설을 내뱉으면 나는 이성을 잃고 미친 사람 마냥 발악했다. K가 싸움을 말리며 중재를 했기 때문에 상황이 종료될 수 있었다. 그 한 번의 실수로 J는 도무지 이해할 수 없다는 반응을 보였다.

"평소의 너답지 않게 왜 그랬어?"

나다운 게 뭐냐고 도리어 묻고 싶었지만, 또다시 싸움으로 번질까 봐 관두었다. 지금까지 잘해온 아홉 번에 대해 고맙다는 말은 못 듣고, 한 번의 실수만 부각된 그 상황이 허탈했다.

어린 시절부터 비롯된 나의 트라우마

옛날 할아버지가 살아 계셨을 적에, 할머니에게 입에 담을 수 없는 욕을 뱉었던 장면이 문득 떠올랐다. 집 안의 모든 물건들이 허공에 날아다니고, 키우던 강아지가 목청이 터져라 짖어댔다. 학교를 마치고 대문 입구에 들어설 때면 직감적으로 알 수 있었다. 대문을 들어서자마자 고함소리가 창문 너머로 새어나왔다. 그때마다 내 마음은 쑥대밭이 되었다.

'오늘도 전쟁이구나. 오늘은 어떤 친구 집에 가서 피신해 있어야 하나.'

피할 수 없는 장면을 맞닥뜨려야 하는 것은 초등학생의 어린 내게는 큰 곤혹이었다. 행여나 옆집 사람들이 뭐라고 생각할까. 창피하기까지

했다. 오늘은 어떤 친구에게 연락을 해야 하나 핸드폰을 보고 있던 그때 였다. "아아악!" 할머니의 비명소리가 들려왔다. 피할 수 없는 장면을 보고야 말았다. 할아버지가 할머니에게 손찌검을 하는 것이었다. 할머니가 흐느껴 우셨다. 그런데도 할아버지의 공격은 멈추지 않았다. 두 주먹을 불끈 쥐었다. 입술이 파르르 떨렸다. 내 안에 잠자고 있던 분노와 원한이 들끓었다. 발걸음이 갑자기 빨라졌다. 나는 할머니 앞을 막고 서서 할아 버지를 똑바로 바라보았다. 그리고 이내 소리를 지르며 발악했다.

"제발 그만! 아아악! 할머니 왜 때려? 할아버지면 다야? 남자라면 여자 를 지켜주고 보호해줘야지. 손녀 보기 부끄럽지도 않아요? 어떤 이유에 서든 폭력은 정당화될 수 없어요. 할머니 때리지 말라고요. 할아버지가 뭔데 할머니를 때려?"

어디서 그런 용기가 나왔는지는 모르겠다. 다만, 나도 참다 참다 폭발 했던 건만은 확실하다. 갑자기 적막이 흘렀다. 그때까지도 나는 씩씩대 고 있었다. 한편으로는 겁이 났다. 할아버지의 표정이 정말 살벌했기 때 문이다. 그래서 몸에 힘을 잔뜩 주고 있었다. 부르르 떨리는 두 손에 송 골송골 땀방울이 맺혔다. 할아버지 미간이 찌푸려졌다.

"이 가시나가 미쳤나? 할아버지한테 대들고!"

얼마나 긴 시간을 밟혔는지 모른다. 두 손으로 얼굴을 감싸고 퍽퍽거리는 소리에 몸을 내던졌다. 차라리 내가 맞는 게 다행이라 생각했다. 온몸에 멍이 들어도 그렇게라도 할머니를 지켰다는 사실에 마음은 편안했다. 하늘이 노랗게 보였다. 한 차례 전쟁이 끝나고 집안이 고요해졌다. 할머니는 조심스레 다가와 아까 왜 그랬냐고 물었다. 할머니의 얼굴에는 미안한 기색이 역력했다.

"내 괜찮다 할머니. 할머니 맞는 거 보느니 차라리 내가 맞고 말지. 할아버지 너무 심했다 아이가. 나도 더 이상은 못 참겠더라."

나의 희생으로 폭력은 사라졌지만 그 이후로도 전쟁은 계속되었다. 그때마다 나는 가정이 화목한 친구 집으로 피신했다가 전쟁이 끝날 때쯤 집에 돌아오곤 했다. 그렇게 나는 어린 시절 상처를 가득 끌어안은 채 어른이 되었다.

그 누구도 내게 진정한 안식처가 되어주지 못했다. 사람과의 관계는 내가 마음을 쏟은 만큼 돌아오지 않다는 것을 알고 난 뒤로 온전히 나를 위해서만 살고 싶어졌다. 〈한국책쓰기1인창업코칭협회〉의 김태광 도사님도 입이 닳도록 하신 말씀이다. "미래로 가기 위해서는 과거를 버려야 한다." 과거의 가슴 아픈 상처와 기억을 버릴 때 비로소 나에게만 집중할 수 있다.

감정적으로 나를 힘들게 했던 사람들과 만나기만 하면 술 먹자고 하는 사람들. 20세에 처음 서울에 올라와서 사람의 정이 그리웠던 나는 좋아하지도 않는 술을 매일 마시고 다음 날이면 지독한 숙취에 시달렸다. 그렇게 부어라 마셔라 하다 보니 체력이 점점 나빠졌다. 잦은 위경련과 구토에 시달리고 나서야 막장으로 치닫던 음주가무 드라마는 막을 내렸다. 놀면서 아침의 해를 보는 것이 어찌나 허무했던지. 도대체 내가 사는 의미는 무엇일까? 자주 허탈감이 밀려왔다.

최근 들어 관계의 필터링을 감행했다. 내게 술 먹자는 제안과 나쁜 길로 이끌려는 사람 모두를 정리했다. 핸드폰의 수신차단 기능 하나로 사람을 정리할 수 있다는 것이 놀라울 정도였다. 사람의 정에 이끌려 내 자신을 혹사시키는 일은 하지 않기로 다짐했다. 혼자 조용히 책을 읽고, 글을 쓰는 지금이 너무 감사할 따름이다. 지금 하고 있는 줌바댄스로 인해 몸과 마음도 무척이나 건강해졌다. 극심했던 우울증과 하루에도 몇 번씩 기분이 오르락내리락하던 조울증. 이 모든 것이 사람들과의 불안한 관계에서부터 비롯되었다는 것을 깨달은 이후 내 삶은 달라졌다. 온전히 나를 위해서만, 내 꿈과 미래를 위해서만 달려보기로 했다.

책을 읽을 때는 희미하게 보였던 것들이 책을 직접 써보니 선명해지기 시작했다. 인생의 어떠한 순간에는 온전히 혼자가 되어야 한다는 것. 그렇게 해야지만 내 꿈에 좀 더 빨리, 더 가까이 다가갈 수 있다는 것!

내 꿈은 동기부여 메신저가 되어 책을 쓰고, 강연을 하는 일이다. 강연 내용 안에는 '줌바댄스'도 포함되어 있다. 강연으로 국내 여행을 다니며 5성급 호텔에서 머무는 상상을 한다. 바다가 보이는 곳이면 더 좋다. 높은 고층 빌딩이라면 더할 나위 없이 최고다. 죽기 전까지 3,000권의 책을 읽으며, 내 이름으로 된 30권의 책을 펴내고 싶다. 내 몸과 마음이 가장 행복해하는 자기계발을 멈추지 않을 것이다. '배움' 앞에는 나이도 자존심도 없다고 한다. 시간이 지나도 마르지 않는 나의 학구열은 내 인생 최고의 자산이 되어줄 것이다.

당분간은 나를 위한 삶. 오로지 나에게만 집중하는 이 시간들이 내 미래를 위한 자양분이 되어줄 것이라 믿어 의심치 않는다.

05

No.1이 아닌 Only One이 되라

어째서 우리는 자신의 마음에 귀를 기울여야 하는 거죠?
그대의 마음이 가는 곳에 그대의 보물이 있기 때문이지.

– 파울로 코엘료, 『연금술사』 중에서

경험만이 유일한 나를 찾을 수 있는 지름길이다

진정으로 내가 누군지 알면 인생이 훨씬 쉬워진다. 눈치나 체면보다는
나답게 사는 것이 훨씬 중요하다. 나를 사랑하면 뚜렷한 주관이 세워진
다. 타인과 세상의 눈치를 보지 않고 소신껏 말하고 행동하게 된다. 어느
누구와도 경쟁할 필요가 없다. 내가 할 수 있는 일, 해야 하는 일에 집중
할 뿐이다. 나 자신을 알지 못하면 타인의 기준에 맞춰 살게 된다. 세상

의 잣대에 나를 맞추면서 타인과 경쟁한다. 그 경쟁에서 이겨야 좋은 인생, 성공한 인생이라고 착각한다. 남과 경쟁하여 이기려는 것에서 성취욕과 즐거움을 찾지만 그 기쁨은 오래가지 못한다. 경쟁은 끝이 없기 때문이다.

『나는 죽을 때까지 재미있게 살고 싶다』의 저자 이근후 교수는 대학에 들어가면서 '나'에 대해 객관적으로 돌아보게 되었다고 한다. 어머니의 지나친 보호 아래 어린 시절을 보낸 그는 늘 어머니의 그늘에서 벗어나려고 발버둥쳤다. 어머니의 뜻에 반대로 행동하는 것이 고작 그가 할 수 있는 반항이었다.

대학시절, 그는 4·19 시위에 가담하여 감옥에 잡혀갔다. 같은 방에는 도둑과 사형수가 있었다. 징역 10개월을 선고 받은 도둑은 분노에 차서 하루빨리 나갈 날을 손꼽아 기다리는 반면, 사형수는 세상의 모든 도를 터득한 듯 수도승처럼 지냈다. 더 힘든 사람은 도둑보다 사형수였을 것이다. 도둑과 사형수를 보며 그는 인간이란 존재와 삶에 대해 진지하게 생각해보았다. 이러한 경험이 그가 정신과로 진로를 정한 계기가 되었다. 정신과를 전공하고 정신분석 공부를 하면서 그 자신에 대해 자세히 알게 되었다. 내면의 상처를 스스로 치유했다. 어머니의 품 안에서 벗어나고자 했던 억압에서 자유로워질 수 있었다. 비로소 그 자신을 발견했기에 가능한 일이었다.

나 또한 지난날을 회상해보면, 삶의 기준과 뚜렷한 잣대 없이 살아왔다. 남들이 좋다고 얘기하는 것은 무조건 다 해봐야 직성이 풀렸다. 막상 해보니 나와 맞지 않아 결과가 좋지 않을 때면 '좋은 게 좋은 거지.'라며 별 대수롭지 않게 넘겼다. 무작정 상대방을 따라가려 애쓰다 보면 금방 지쳤다.

'나는 왜 이것밖에 안 되지?'
'이렇게 노력해도 저 사람의 반도 못 따라가는 걸까.'

스스로 자책하다가 결국 좌절하게 된다. 남을 무작정 따라가기보다 그에 앞서 점검이 반드시 필요하다. 사람은 신이 아니기 때문에 한 사람이 모든 것을 다 잘할 수는 없다. 그래서 기업에서도 파트별로 전문분야를 나눠두는 것이고, 각자에게 주어지는 임무가 따로 있다. 내가 좋아하는 일인지 가늠해보는 것도 분명 중요하다. 그에 앞서 선행되어야 할 것은, 내가 할 수 있는 일인지 혹은 할 수 없는 일인지를 판별해보는 것이다. 그렇다면 어떻게 판별할 수 있을까? 그 분야 속으로 들어가서 경험해보는 것이 가장 정확하다.

나는 가난한 집안 환경 덕분에 중학교 1학년 시절부터 아르바이트를
했다. 친구들이 다 놀러 다니는 여름방학, 겨울방학 때도 나는 아르바이
트를 하며 용돈을 벌었다. 어린 시절에도 책과 배움에 대한 열의가 남달
랐기 때문에 번 돈을 배우는 것에 투자했다. 큰아버지가 영어·수학 학
원을 등록해주신 덕분에 그나마 용돈이 모자라진 않았다. 친구들은 엄마
가 사주는 옷, 엄마가 사주는 신발을 신었다.

나는 내가 번 돈으로 내 마음에 드는 물건을 사는 경험을 일찍부터 맛
봤다. 처음 월급을 받고나서 하고 싶은 것을 이뤘을 때의 그 짜릿함은 이
루 말할 수 없다. 꽃집, 옷가게, 숯불구이 식당, 호프집, PC방, 부동산,
사무직, 여행사 등 많은 아르바이트 경험을 해보고 나서 내가 할 수 있는
일과 할 수 없는 일이 확실하게 구분 지었다. 일찍부터 많은 경험을 해
보면 내가 무엇을 좋아하는지, 어떤 자리에 있을 때 진짜 내 모습이 나오
는지 알게 된다. 해보지 않으면 진짜 '나'를 찾을 수 없다. 경험민이 유일
한 나를 찾을 수 있는 지름길이다.

지금 뭘 해야 할지 몰라서 방황하는가? 앞으로의 미래가 막막하고 두

려워서 고통스러운가? 그저 한 걸음만 내딛으면 된다. 삶의 고통을 극복하는 지름길은 단지 행동으로 옮기는 것이다. 우물쭈물 어쩔 줄 몰라 하던 내 모습을 과감하게 벗어 던져보자. 세상 하나밖에 없는 유일한 내 모습을 발견하는 첫 걸음이 될 것이다.

No.1이 아닌 Only One의 특별한 삶

초등학교 3학년 시절, 가수 보아의 첫 데뷔 장면을 잊지 못한다. 앳된 소녀는 배꼽티에 펑퍼짐한 바지를 입고 파워풀한 춤을 춘다. 그날 이후로, 잘 보지도 않던 TV를 온종일 켜놓고 그 소녀의 춤을 따라 췄다. 경북 의성이란 작은 시골에는 댄스학원도, 보컬 학원도 없었기 때문에 유일한 연습실은 할머니 댁에 있는 작은 마당이었다. 빨간 오디오에 보아의 노래가 담긴 카세트테이프를 넣고 볼륨을 최대치로 키웠다. 가끔 고모가 방문을 열고 말했다.

"계집애야. 소리 좀 줄이고 해라. 옆집에서 시끄럽다고 찾아오겠다!"

고모의 말이 떨어지기 무섭게 정말 옆집에서 찾아온 적도 있었다. 동네 개들도 합창으로 짖어댔다. 볼륨을 줄여서도 나의 춤은 계속되었다.

보아가 데뷔하기 전에는 이정현의 〈와〉에 푹 빠지기도 했다. 집에 있는 수건으로 이정현의 안무를 따라 했다. 사촌동생과 동생이 오는 날이면 이정현의 안무를 가르쳐주었다. 동생들과 셋이서 수건을 들고 어른들이 계신 마루로 향했다.

"나의 제군들, 돌격! 어른들을 위해 이정현의 〈와〉를 춘다. 실시!"

노래를 틀자마자 내가 알려준 안무를 잘 소화하는 내 동생들. 그 모습을 보는 나도 함께 신나서 덩달아 수건 퍼포먼스에 합류했다. 어른들의 박수갈채가 일제히 쏟아졌다. 어른들은 세상 가장 행복한 표정으로 우리를 쳐다봤다. 그저 좋아서 한 일에 큰아버지께서 용돈까지 주셨다. 매일 이 전쟁터 같았던 집에서 나의 춤은 한 송이 꽃으로 피어났다. 우리 집안 어른들의 표정에 처음으로 웃음꽃을 피게 한, 세상 가장 유일한 춤. 그때부터 춤은 내게 기쁨이자 행복으로 각인되었다.

매년 학예회 때마다 내가 반 친구들을 이끌어 장기자랑을 주도했다. 나중에는 선배 후배 할 것 없이 모두 할머니 댁 작은 마당에 모여 춤을 추었다. 동네 어른들이 구경한다며 할머니 댁으로 모여들기 시작했다. 춤으로 피어났던 한 송이 꽃은 작은 꽃밭을 거쳐 어느샌가 큰 정원이 되어 있었다. 전쟁터를 방불케 했던 할머니 댁은 춤 하나로 어느새 평화가 깃들고 있었다.

"시간이 없어서 못했어요."

"여건이 좋지 않아서요."

"혼자 시작하기 두려워서요."

내가 이런 변명만 늘어놓았다면, 춤을 정말 좋아하는지 알 수 없었을 것이다. 어릴 때 발견했던 흥미와 적성이 지금의 천직이 되었다. 어릴 때는 '춤'이라는 광범위하고 포괄적인 개념이었다면, 지금은 '줌바댄스'라는 구체적이고 전문적인 직업으로 자리매김했다.

나는 남들보다 특출한 재능을 갖고 태어난 것이 아니다. 단지 좋아한다는 일념 하나로 계속해왔다. 꾸준히 하다 보면 결국에는 잘하게 된다. 좋아하는 마음이 결국에는 잘하고 싶은 마음과 일맥상통하는 것이다. 나의 목표는 남을 이기는 것이 아니라, 어제의 나를 이기는 것이다. 최고의 내 모습보다는 유일한 내 모습. 내 자신 그대로의 모습으로 인정받을 때가 가장 행복하다.

보아가 부른 노래에도 있지 않나. 그녀도 데뷔 초창기에는 〈No.1〉을 주창했으나, 차차 대중에게 안정적인 사랑을 받아가면서 〈Only one〉을 부르지 않던가? 우리 개개인은 남들과 다른 유일한 내 모습으로 존중받아야 한다. 우리가 불행해지는 경우는 진짜 내가 알고 있던 내 모습으로 행동하지 못하게 될 때다. 인간에게 있어 가장 큰 행복은 바로 '자기 자신이 되는 것'이다. 지천에 널린 누런 황소가 아닌 유일무이한 보랏빛 소가 되자. 바로 지금부터 No.1이 아닌 Only one의 특별한 삶을 시작해보기 바란다.

춤과 함께 늘 해왔던 글쓰기

나는 춤과 함께 책을 읽고, 글을 쓰는 것을 좋아했다. 매년 방학 때마다 '다독의 왕'으로 1등 자리를 놓친 적이 없었다. 음식물 쓰레기 낭비방지 일기를 써서 보건복지부 장관상을 받은 적도 있다. 그 당시 일기를 실감나게 쓰고 싶다는 일념 하나로, 동네방네를 기웃거리며 쓰레기 실태를 조사하고 다녔다. 한 달간 발품을 팔고나서 받은 상이었기에 더 뜻깊게 느껴졌다. 그 외에도 문예백일장에서 받은 상이 40여 개 이상 된다.

〈좋은 생각 사람들〉 2019년 5월호에 내 글이 게재되기도 했다. 「내 마음의 등불」이라는 제목으로 아버지에 대한 마음을 담은 글이다.
나는 지금의 나보다 삶의 경험이 많은 사람들을 만나 한 단계 높은 수준의 춤과 책을 배워가고 있다. 더 잘 가르치기 위해서는 틈틈이 배우는 과정 또한 필수다. 그들 사이에서도 그들과 경쟁하는 것이 아닌 상생을 하고 있다.

06

드림킬러로부터 나를 지키는 법

네 생에서 가장 빛나는 날은 성공한 날이 아니라
비탄과 절망 속에서 생과 한 번 부딪쳐보겠다는 느낌이 솟아오른 때다.

– 플로베르

당신은 어떤 기운을 가진 사람인가?

내가 사람마다 각기 다른 기운을 갖고 있다고 느낀 건 아마 20대 후반쯤이다. 어떤 사람은 만나면 활기가 돌고 기분이 좋아진다. 또 어떤 사람은 만난 지 몇 분 되지도 않았는데 너무 피곤하고 지쳐서 집에 가고 싶어진다. 왜 그럴까? 그 사람이 갖고 있는 기운 같은 건가? 만나면 이상하게 기운이 빠지게 하는 사람들이 있다. 사람이라고 해서 모두 정상적인 사람은 아니라고 생각한다.

'겉모습만 번지르르했지 실속이 하나도 없구나. 다른 사람의 꿈을 방해하면서 상처만 주고 있구나.'

이런 생각이 들게 하는 사람들이 바로 드림킬러이다. 이런 사람들과 함께 있을 때면 우울해진다거나, 감정적으로 충만한 느낌이 들지 않는다. 오히려 의기소침해지고 피곤한 기분만 든다. 그나마 가지고 있던 행복감과 용기마저 사라지게 만든다.

고백하자면 서른 전의 나는 상대의 애정을 갈구하는 의존형 드림킬러였다. 나의 연애는 대체로 엉망이었다. 혼자 제대로 설 줄 모르고 상대에게 기대어 끊임없이 애정을 갈구했다. 혼자 있는 시간을 견디지 못했다. 그 시절에 내가 그렇게 굴었던 이유는 부모님의 영향도 있었을 것이다. 어쩌면 자존감이 바닥을 치고 있었기 때문이었을 수 있다. 그 와중에 인간관계에서 온 상실과 집착이 동시에 나의 목을 졸랐다. 매일같이 우는 소리만 지겹도록 했던 것 같다. 그래서 누군가 나에게 다가와 위로라도 해주려고 손을 내밀면 그 손이 나의 생명줄이라도 되는 듯 덥석 잡고 놓지를 못했다.

지금 생각해보면 나의 20대, 그 시절이 내 인생의 암흑기였다. 나는 나에게 문제가 있다는 것을 인지했다. 스스로가 드림킬러라는 것을 자각했다. 나를 바꾸기 위한 시도가 필요했다. 심리상담과 약물치료를 병행해보기도 했다. 일시적으로는 감정이 나아지는 듯 했으나, 장기적으로는 근본적인 해결책이 되어주지 못했다. '나는 나의 근본적인 해결책을 찾고 싶다'고 간절히 소망하며 나를 변화시킬 수 있는 환경을 찾아다니다 〈한국책쓰기1인창업코칭협회〉를 알게 되었다. 그곳에서 좋은 기운을 나눠주는 성숙한 사람들을 만나고 나서부터 내 삶이 급격히 달라졌다. 책과 글쓰기 덕분에 나도 혼자서 굳건히 일어설 수 있는 방법을 배웠다.

사람은 혼자 있는 시간을 어떻게 활용하느냐에 따라 많은 성장과 발전을 이룩할 수 있다고 한다. 사람에게 의지하지 않고 혼자서 즐겁게 할 수 있는 일을 찾으면 그 시간이 지루하지 않다. 나에게는 그것이 줌바댄스와 책이었다. 지금도 예전의 나와 같은 드림킬러들에게 시달리느라 심신이 피폐해진 사람들이 많을 것이다. 직장동료에게, 친구에게, 연인에게, 가족에게 기를 쪽쪽 빨리느라 괴로워하고 있는 이들에게 도움이 될 수 있겠다 싶어서 이 책을 조심스레 소개해본다.

『기운 빼앗는 사람, 내 인생에서 빼버리세요』의 저자 스테판 클레르제는 이 책에서 드림킬러를 '멘탈 뱀파이어'라고 묘사한다. 누군가에게 기가 빨리고 있는 것이 맞는지 알고 싶은가? 그 사람과 어울리고 난 후 기분이 어떤지 생각해보는 것이 가장 좋은 방법이다. '멘탈 뱀파이어'와 함께 있을 때면 우울하고 힘이 쫙 빠지는 느낌이 든다. 내가 한 없이 작아지는 기분이 들기도 한다. 드림킬러의 대표적인 특징 3가지가 있다.

첫째, 함께 있으면 자꾸 힘이 빠지고 우울한 감정이 든다.
둘째, 자기 필요할 때만 연락하고 정작 내가 필요할 때는 외면한다.
셋째, 타인을 비판하고 자기 잘못을 절대 인정하지 않는다.

만나는 사람들 중에서 위 세 가지 특징 중 한 가지라도 갖고 있는 사람이 있다면, 즉시 단절해야 한다. 좋은 관계란, 서로 좋은 에너지를 주고받을 수 있는 관계를 말한다. 상대방에게 일방적으로 에너지를 빼앗기게 되면, 관계의 균형이 무너진다. 절대 서로에게 좋은 에너지를 줄 수 없다.

이 책을 읽고 나서 나 또한 많이 공감했다. 가장 나를 위해주며 아껴줄 거라 생각했던 사람이 드림킬러라는 것을 알게 된 후의 그 충격과 혼란은 이루 말할 수 없다. 드림킬러는 정말 나의 가장 가까운 곳에 도사리고 있다. 그것이 가족이나 가까운 친척 혹은 오래된 친구일 가능성이 크다. 드림킬러와 알게 된 오랜 세월과 마음의 정이 있다면 단절하는 것이 무엇보다 마음 아프고 힘든 일일 수 있다. 드림킬러에게 속수무책으로 당하는 사람들이 이 책을 보면 많은 도움이 될 것이란 생각이 들었다.

　드림킬러의 먹잇감이 되는 사람들은 나보다 상대방을 더 배려한다. 상대방에게 착한 사람으로 남고 싶어 한다. 타인에게 상처받는 것을 두려워한다. 그러다 보니 상대방이 나에게 상처를 주고 기운을 빼앗는 사람이란 것을 알면서도 단호하게 단절하지 못한다. 계속 그들에게 휘둘리고, 약한 멘탈로 인해 드림킬러의 희생양이 되고 만다. 드림킬러들은 상대방이 어떤 일로 인해 마음이 약해질 때를 포착해서 기운을 빼앗아 조종하려 든다. 드림킬러의 먹잇감이 된 사람들은 기운이 빨리고 심리적으로 지치게 된다. 심해질 경우 불면증과 불안증세, 분노조절 장애, 우울증 등과 같은 증상이 나타나게 된다.

　많은 사람들이 혈연관계는 언제 어디서나 응원하고 지지하는 관계라고 굳게 믿는다. 그러나 나만의 기준으로 본다면, 이는 대단한 착각이다. 가족은 정말 내가 어떤 꿈을 꾸던 간에 나를 응원해줄 수 있을까? 이러한 착각을 하고 있다면, 스스로가 위대한 꿈을 가져본 적이 없거나 꿈을 이루기 위해 행동으로 옮겨본 적 없는 사람들이다. 대부분의 부모님은 자녀가 공무원이 되거나 대기업에 들어가 평범하게 살기를 바란다. 남들처럼 열심히 일해서 저축하고, 때가 되면 결혼해서 자식을 키우며 살기를 바란다. 그런데 자녀가 사업을 하겠다고 하거나 베스트셀러 작가, 연예인 등이 되겠다고 하면 눈앞이 캄캄해진다. 세상 물정 모르는 자녀에게 헛바람이 들었다고 생각한다. 왜 이런 꿈이 말도 안 되는지 이해시키려고 한다.

이상이 현실을 이길 수 있다고 믿어라

과거의 나는 지인들에게 내 꿈에 대해 말한 적이 있다.

"마흔 살에 나는 책을 내서 베스트셀러 작가가 될 거야. 전국을 다니며 성공에 대한 강연을 하고, 많은 사람들에게 동기부여를 해주고 싶어."

내 말에 지인들은 코웃음을 치며, 내 자신감을 짓밟고 꿈을 무너뜨리는 말을 했다.

"너는 말을 잘 하지 못하는데, 강연을 할 수 있을까? 꿈이 쉽게 이뤄질 것 같으면 다들 성공했을 거야. 나는 네가 처해 있는 현실을 좀 직시했으면 좋겠다."

가까운 사람들로부터 이런 말을 듣자 머릿속이 복잡했다. 그 말을 들은 내 마음은 날카로운 송곳으로 여기저기 푹푹 찔리는 느낌이었다. 10년을 가까이 안 사람들이 하는 말이라 더더욱 상처로 다가왔다. 나는 크게 이뤄놓은 것 하나 없었고, 그렇다고 집이 부유한 것도 아니다. 현실적으로 보면 그들의 말이 다 맞았다. 그러나 나는 이상이 현실이 이긴다고 굳게 믿었다. 그들에게 보란 듯이 성공한 모습을 보여주고 싶었다. 내가 보란 듯이 성공한 모습을 보여주는 일이 최고의 복수란 생각이 들었다. 내 꿈과 눈부신 미래를 지키기 위해 그들을 멀리했다. 걸려오는 전화를 받지 않았고, 문자메시지도 차단했다. 현실주의자인 그들과 이상주의자인 내가 가는 길은 확연히 달랐기 때문이다. 이상이 현실을 이길 수 있다는 것을 증명해 보이고 계신 분이 있다. 바로 〈한국책쓰기1인창업코칭협회〉 대표 김태광 도사님이다. 그분이 강의하시면서 누누이 해주셨던 조언들이 내게 결단력과 용기를 심어 주었다. 그분의 말씀이 있었기에 실행으로 이어질 수 있었던 것이다.

사실 세상을 바꾼 사람들은 말도 안 되는 꿈을 품은 사람들이다. 그 꿈을 행동으로 옮긴 위대한 사람들이다. 모두들 평범한 삶을 살았더라면, 세상은 지금처럼 발달하지 못했을 것이다. 여러분의 가족도 드림킬러가 될 수 있다. 이 사실을 반드시 기억해야 한다. 드림킬러는 대부분 가장 가까운 사람들이다. 그들은 가까운 관계라는 것을 이용해, 부정적인 생각과 말들로 나를 위협한다. 그들이 경험하지 못한 세계나 꿈에 대해서는 무조건 반대하거나 비난하고 본다. 그 이유는, 자신처럼 평범하게 살면서 항상 옆에 있어주길 바라기 때문이다. 그러나 겉으로는 염려하는 척한다.

"다 너를 생각해서 하는 말이야."

드림킬러들의 얄팍하고 교묘한 수법에 넘어가서는 안 된다. 이를 잘 간파해야 한다. 나의 기를 빨아먹는 드림킬러와는 결별해야 한다. 나의 가치를 제대로 인정해주고, 존중해주는 사람들과 함께 가야 한다. 그들과 함께할 때 더 나은 미래를 향한 자신감과 용기가 생기기 때문이다. 상대에게 때로 위안이 되고, 때로 희망이 되는 관계가 되어야 한다.

상대방에게 좋은 사람이 되려고 억지로 이해하려 애쓰는가? 그들의 부당한 요구와 부탁을 참아주고 있는가? 내 기준에서 아니다 싶은 사람은 단호하게 차단해야 한다. 이런 용기 있는 행동이 나의 소중한 삶을 지키는 일이다. 우리의 인생은 너무나 소중하다. 드림킬러로부터 나를 지키고, 꿈을 향해 나아가야 한다. 관계를 단절하고 연락을 차단하는 것이 그들로부터 나를 지키는 유일한 방법이다. 많은 사람들이 이 사실을 빨리 알아차리고, 그들과 단절하여 더 나은 인생을 살기를 진심으로 응원한다.

07

나 이외에는 신경 쓰지 않을 자유

당신은 움츠리기보다
활짝 피어나도록 만들어진 존재입니다.

– 오프라 윈프리

스스로 긴장하지 않겠다는 용기

인생을 살다 보면 걱정과 고민, 분노가 가득 찬 날이 있기 마련이다. 답답한 마음에 누군가에게 이야기를 해보지만, 나의 마음을 온전히 알아주는 이는 흔치 않다. 사실 알아준다 한들 그가 나의 걱정을 대신 해줄 수 있는 것은 아니다. 그래서 우리는 생각에 사로잡히고, 쉽게 잠들지 못한다. 우리는 많은 이유로 괴롭다. 나를 화나게 한 사람이 용서가 되지도 않고, 돈이나 직장 문제에 좋은 생각이 떠오르지도 않아 힘들다. 때로는 마음이 생각하는 대로 움직여지지 않아 괴롭고, 때로는 건강이나 미래가 불안하여 고민이다. 남의 일에는 이렇다 저렇다 조언도 하고 해결법도 잘 찾지만, 정작 내 마음에 고민이 둥지를 틀 때면 그 속에서 빠져나오기가 쉽지 않은 것이 현실이다. 나의 문제는 커 보이고, 남의 문제는 작아 보이는 것도 이 때문이다. 마음이 괴로울 때는 세상에서 나만 가장 힘든 것 같이 느껴진다.

도저히 힘을 낼 수 없어서 꺼낸 말에 "힘내. 다 잘될 거야." 이 말이 나를 더 힘 빠지게 한다. 그 누구도 있는 그대로의 나를 이해하지 못한다. 내 문제를 공감할 수 없다면, 그 어떤 말도 위로가 되지 않는다. 점점 더 나만의 영역으로 반경이 좁혀져가는 이유이다.

일본의 베스트셀러 『반야심경, 마음의 대청소』의 작가이자 '행동하는 승려'로 이름이 널리 알려진 스님 나토리 호겐은 이렇게 번뇌하는 우리에게 말한다.

"인생에는 기억에 남겨야 할 장면이 있는가 하면, 피사체로 선택하지 않는 것이 더 바람직한 장면이 있다."

인생의 괴로움을 다른 각도에서 포착해보기를 권한다. 무조건적인 수용의 태도가 아니라, 때로는 피하고 가려낼 줄도 알아야 한다는 뜻이다. 가족이나 연인, 친구 등에게 배려를 하고 사랑을 베푸는 일은 무척 아름다운 일이지만, 인간인 이상 우리는 자신이 그러는 만큼 그들에게서 관심 받고 인정받으려는 욕심이 자연스레 생길 수밖에 없다. 이러한 마음은 우리를 번뇌로 이끈다. 반발심에서 오는 분노와 관심을 받으려는 욕심에서 오는 번뇌, 이 둘은 모두 '상대에게 신경을 쓴다'는 의미에서 본질적으로 같은 행위이다. 그런데 상대의 마음은 우리가 어떻게 할 수 있는 것이 아니므로, 둘 다 내게 괴로움을 줄 수밖에 없다. 그런가 하면 우리는 미래를 확실히 알 수 없어 고민하기도 한다. 미래를 통제할 수 없다는 생각은 우리를 불안으로 이끈다. 이를 어떻게 해보겠다는 생각은 우리에게 괴로움만 줄 뿐이다.

저자는 이러한 모든 것들이 바로 '쓸데없이 신경을 쓰는 일'이라고 말한다. 그리고 이러한 상황에서 벗어나기 위해서는 내 마음을 괴롭히지 말고, 자연체에 가까운 상태로 느긋한 마음을 갖도록 해야 한다고 전한다. 사람의 마음이든 우리의 미래든, 시시각각 변할 수밖에 없는 것이니 이에 제대로 대응하려면 힘이 잔뜩 들어가 있는 마음을 부드럽게 풀어야 한다. 또한 긴장하지 않겠다는 용기를 가져야 한다는 것이다.

나를 가장 사랑해줄 수 있는 것은 자신뿐이다

　저자의 깨달음을 내 일상에도 적용해보았다. 사소한 일에 집착하지 않는 법, 있는 그대로를 인정하고 받아들이는 법, 흐름에 몸을 맡기고 주어진 상황을 소화하는 법 등 저자가 알려준 106가지 방법이 있었다. 이런 법칙들을 모두 수용하기 이전에 전제되어야 할 것은 혼자만의 시간이다. 혼자 있는 시간이 고통스럽고 외로울수록 더 혼자가 되어야 한다. 심리 상태가 불안할 때 밖으로 나가면 평소보다 더 예민하게 사태를 받아들인다.

　나도 그런 상황을 자주 겪었다. 평소였다면 아무렇지 않았을 일에 괜히 과민반응하는 내 모습을 발견했다. 내가 의도하는 바와는 다른 행동이 불쑥 나와서 사람들을 당황시키기도 했다. 스스로도 당황한 기색이 역력하다. 그 순간의 분위기는 매우 어색하다.

　'아, 이러려고 이 자리에 나온 게 아닌데. 괜히 나와서 사람들을 불편하게 만들었네. 집에 있을걸.'

　스스로 자책하며 후회한다. 함께 가자고 했던 사람도 평소답지 않게 왜 이러냐며 나를 몰아세운다. 나 때문에 입장이 난처했다는 말을 들으면 자존감에 스크래치가 난다. 엎친 데 덮친 격으로 감정이 상한다. 스스로에게도 이미 화가 나있는 상태에서 상대방까지 나에게 공격을 일삼으면 주체할 수 없는 감정이 밀려든다. 결국에는 마음을 닫게 되거나 스스로 숨어버린다. 내 마음이 아프다는 신호를 빨리 알아차리고 철저히 혼자가 된다.

마음이 보내는 신호는 정확하다. 다른 사람이 하는 말에 지극히 신경을 쓰다 보면 정작 내 마음이 하는 말은 듣지 못한다. 그렇기 때문에 더더욱 혼자가 되어야 하는 이유다. 지금 당장 내 마음이 슬프고 아픈데 다른 사람 신경 쓸 겨를이 어디 있는가? 당분간 나 이외에 다른 것들은 신경 쓰지 않아도 괜찮다. 내 마음에 여유가 있어야 다른 사람이 들어올 공간도 있는 법이다. 비워내지 않고 꾹꾹 담으려고 하다 보면 끝내 탈이 난다. 내 감정과 마음상태는 내 자신이 돌보아주어야 한다. 나를 가장 잘 아는 사람은 나 자신뿐이다. 그 누구보다 나를 사랑해줄 사람도 나 자신뿐이다.

불안, 분노, 번뇌에 신경 쓰지 않는다는 것은 결코 쉽지 않다. 우리에게는 어려워도 하다 보면 반드시 나아지리라고 말해주는 내 자신이 있다. 스스로에게 트레이닝을 해보는 것이다. 다른 사람 신경 쓰지 않는 연습. 오로지 나를 우선순위에 두고 모든 것을 결정해보는 것이다. 행복한 인생으로 오르는 계단을 힘들이지 않고 한 걸음씩 내딛으며 산다는 것은 '연습'이 필요한 일이다. 마음이 평온해질 그날을 위해 매일 감사일기를 쓰며 내 마음을 들여다보자. 실제로 감사일기를 쓰는 것은 매우 큰 효과가 있다. 많은 성공학 저서에서도 이미 검증된 사례다.

　나 또한 일기를 쓰며 점점 더 나아진 스스로를 발견할 수 있었다. 감사하는 마음만으로도 마음이 따뜻해지기 때문이다. 당신은 눈치 채지 못할지라도 분명 내일은 오늘보다 조금 더 나아져 있을 것이다. 그렇게 매일매일 감사일기를 써야 한다. 당장 실천하기도 쉽고 가장 효과도 좋은 방법이다. 본인에게 가장 편한 방식을 찾아가면 된다. 일단은 시작 자체가 중요하다. 써본다는 것 자체가 큰일을 해낸 것이다. 감사일기를 써내려가는 동안에 마음이 따뜻해져오면서 흐뭇한 기분이 들 것이다. 다른 이에게 감사했던 일, 잘한 일도 일기의 소재로 좋다. 우리가 누리고 있는 날씨, 공기, 그날의 온도까지도 모든 것이 일기의 소재이다. 써보면서 내 마음을 들여다보고 치유하길 바란다. 오늘 하루도 힘들어 지쳐 있는 나에게 가장 큰 선물이 될 수 있을 것이다.

PART 4

당신의 꿈을 이룰 새로운 출발

01

익숙한 것과 단절하기

세상에 '새 것'은 없어요. 하지만 '새로워지는 것'은 있습니다.
자신의 일상에서 새로움을 발견하고 실행할 때,
내 인생의 또 다른 이야기가 펼쳐질 것입니다.

– 김창옥

지금부터 '새로워지는 것'은 내가 바꿀 수 있다

내 마음가짐과 태도를 새롭게 하면, 세상을 보는 시야가 달라진다. 실제로 내가 요즘 겪고 있기 때문에 자신 있게 말할 수 있는 부분이다.

내게 있어 '익숙한 것'은 사람에게 정을 빨리 주는 것이었다. 그렇게 마음을 빨리 열면 상대방에 대한 기대치도 상당히 높다. 사람의 단점보다는 장점을 보려고 하는 편이라서 첫 이미지가 '좋은 사람'으로 각인되면 단점이 드러나도 잘 보지 못한다. 초반에는 그 사람의 좋은 면에 대해서만 생각하기 때문이다.

그러는 동안 기대치는 점점 더 높아지고, 내 식대로 그 사람을 판단하기 시작한다. 내가 세워놓은 기준에서 조금이라도 벗어날 경우에는 맞다, 틀렸다 하면서 판단내렸다. 그러면서 서서히 나만의 잣대를 들이밀기 시작했다. 내 상식선에서 '이건 좀 아닌데.' 싶으면 마음이 조금씩 멀어지곤 했다. '모 아니면 도' 혹은 '흰색 아니면 검정색'과 같은 흑백논리와 이분법적 사고로 사람을 판단하는 나쁜 버릇을 지니고 있었던 것이다.

그 버릇들로 인해 나도 모르게 사람들에게 보이지 않는 벽을 치고 있었다. 지금은 사람을 판단하는 것 자체가 어쩌면 내 몫이 아니라고 느낄 때가 있다. 그 사람의 일면만 보고서는 그 사람 전체라고 설명할 수는 없기 때문이다. 사람은 상황에 따라 변하기 마련이고, 기분 따라 시시때때로 바뀔 수 있는 가능성이 있다. 패턴을 예측할 수 없다. 있는 그대로 봐주어야 한다. 기대를 많이 하면 실망이 더 크다는 말, 바로 정답이다. 사람에게 기대하는 것은 오로지 내 욕심일 뿐이다.

우리에게는 때때로 관계의 필터링이 필요하다

인터넷에서 우연히 법정스님의 말을 보았다. 나는 이 글을 읽고 많은 공감을 얻었다. 그리고 인간관계에도 필터링이 반드시 필요하다는 점을 깨달았다. 인간관계로 어려움을 겪는 사람들에게 조금이나마 위안이 되었으면 하는 바람으로 적어본다.

진실은, 진실된 사람에게만 투자해야 한다.

그래야 그것이 좋은 일로 결실을 맺을 수 있다

아무에게나 진실을 투자하는 건 위험한 일이다.

그것은 상대방에게 내가 쥔 화투의 패를 일방적으로 보여주는 것과 다름없는 어리석음이다.

우리는 인연을 맺음으로써 도움을 받기도 하지만

그에 못지않게 피해도 많이 당하는데

대부분의 피해는 진실 없는 사람에게

진실을 쏟아부은 대가로 받는 벌이다.

법정스님의 글을 읽고 망치로 머리를 한 대 얻어맞은 기분이었다. 사람관계로 힘들어하던 지난날에는 도저히 뭐가 잘못된 건지 이유를 몰랐다. 그러나 이 글을 읽고 나서 진실 없는 사람에게 진실을 바랐던 지난날의 내 모습이 파노라마처럼 지나갔다. 진실 없는 사람에게 끝까지 진심이 닿기를 바라며 애쓰던 내 모습들이 안쓰러워 보였다. 내가 아닌 모습으로 사랑받으려 한 적도 있었다. 그때마다 스스로 삶이 불행해지고 있다는 걸 온몸으로 느꼈다.

'왜 내 진심을 몰라 주냐'며 그 사람을 탓했지만, 미련한 나에게 문제가 있었던 것이다. 빨리 알아차렸다면 발을 빼면 될 것을 끝까지 아닐 거라며 현실을 부정했다. 애꿎은 시간을 버리고 감정낭비만 한 것이다. 나를 이용하는 사람은 끝까지 이용하려고만 할 뿐이다. 이용하기까지 처음 한 번이 어렵지, 그 뒤로는 또 다시 이용하는 것이 어렵지 않기 때문이다.

명확히 거절하고 딱 잘라내지 못한다면 그것 또한 내 잘못이다. 결코 남 탓을 하지말자. '잘 되면 남의 덕, 안 되면 내 탓'이라 여겨야 내 삶이 편해진다. 굳이 겪지 않아도 될 고통까지 감수하지 않길 바란다. 나는 여러분이 나와 같이 힘든 일을 겪지 않고, 행복하길 바라는 마음에서 이 글을 썼다.

사람과 사귀기 전에 진정한 인연과 스쳐가는 인연을 잘 구분하길 바란다. 정에 이끌려 사람을 객관적으로 보지 못하는 실수를 최소화하기를 바란다. 사람으로 인해 내 삶이 피해를 입지 않기 위해 먼저 내 마음이 '익숙한 것'과 단절해보자.

단지 외로워서 무턱대고 아무나 만나고 있진 않는가?
이용당하는 줄 알면서도 정 때문에 그 사람을 놓지 못하는가?

가슴에 손을 얹고 물어보자. 내 인생을 맞바꿀 만큼 그것들이 소중한가? '아니요.'라는 대답이 나왔다면 변화가 필요한 때이다. 익숙한 것과 과감하게 단절을 시도해보자. 새로운 것에 대한 경이로움이 당신의 삶에 빛이 되어줄 것이다. 나를 믿는 지금부터가 진짜 내 삶의 시작이다.

내 의식과 마음을 성장시켜준 곳!

인터넷에서 책 쓰기 1일 특강을 찾아보다가 눈에 띄는 곳이 있었다. '도사'라는 별칭으로 불리는 김태광 작가님이 운영하는 〈한국책쓰기1인창업코칭협회〉였다. 다른 곳에 비해 수강생도 많았고, 특히나 네이버 카페가 무척 세련되게 꾸며져 있어서 마음에 들었다. 주저 없이 1일 특강을 신청했다.

그곳에 가기 이전에도 다른 작가들의 책 쓰기 특강을 들어봤었지만 특별히 책 쓰기에 대해 강한 동기부여가 되는 곳은 없었다. 쓰기 이후에 대한 구체적인 계획도 전혀 없었다. '이곳에서는 책 쓰고 나면 그걸로 끝이겠구나.' 하는 생각이 들었다. 그러나 〈한책협〉은 달랐다. 이곳에서는 책 쓰기에 대한 기술뿐만 아니라 사람들의 마인드와 의식까지 바꿔준다. 내가 기존에 가난한 사고방식을 가졌다면, 부자의 사고방식으로 변화될 수 있도록 지속적인 코칭을 해주는 것이다.

실제로 책 쓰기 과정 중에 의식에 대한 가르침을 받으면서 머리가 깨어나는 느낌을 받았다. 의식을 바꾸는 트레이닝을 하면서 성령이 나타나고, 늘 가던 곳들이 평소와 달리 유독 더 좋아 보이는 일상의 변화 등 말로는 설명할 수 없는 기적 같은 일들이 계속적으로 일어났다. 의식을 바꾸면서 일상생활에 자신감이 생기고, 지루하고 평범했던 나날들이 특별하게 다가왔다.

내 마인드가 바뀐 후 줌바 레슨과 개인 트레이닝 문의가 쇄도했고 수업이 늘어나면서 수입도 점점 늘어났다. 〈한책협〉에서는 책 쓰기 과정 이후에도 1인 창업, 네이버 카페, 블로그, 유튜브, 주식, 경매 등 수입을 늘릴 수 있는 과정들이 많이 준비되어 있다. 이곳에서 의식을 새롭게 하는 법을 배우고 난 후 실제로도 내 삶이 새로워지고 있었다.

02

흐르는 음악에 몸을 맡기기

한 번도 춤추지 않은 날은
잃어버린 날이다.

– 프리드리히 니체

몰입하는 내 모습이 진리다

'사마디'란 삼매경. 즉 가장 집중된 정신세계, 몰입된 경지를 뜻하는 단어이다. 잡념을 떠나서 오직 하나의 대상에만 정신을 집중하는 경지를 말한다. 이 경지에서 바른 지혜를 얻고 대상을 올바르게 파악할 수 있다.

줌바댄스를 추는 순간만큼은 사마디의 경지에 오른다. 서른 전, 내 삶은 시궁창 바닥이나 다름없었다. 20대의 끝을 보고 나서야 비로소 정신이 들었다. 이대로 계속 살 수는 없었다. 나는 다른 나를 찾아야만 했다. 나는 살기 위해, 살아 숨쉬기 위해 줌바댄스를 만났다. 내가 추고 싶은 춤, 내가 행복한 춤, 나를 행복하게 하는 춤. 나를 살게 해주는 춤은 내가 사랑하며, 내가 미쳐 있었던 춤이다. 나를 힘들게도, 나를 기쁘게도 할 수 있는 춤은 오로지 '줌바댄스'밖에 없었다.

줌바댄스를 추고 나서 나는 항상 신이 나서 뛰어다닌다. 줌바댄스를 추고 나서도 길거리에서 춤을 추는 것이다. 엉덩이를 실룩거리는 것부터 팔을 힘차게 흔드는 것까지 모든 동작이 춤이다. 걷는 것도 춤이라고 생각하면 모든 일상에서 힘이 솟는다. 춤이라고 생각하면 피곤하지 않다.

우린 춤추면서도 일할 수 있다. 자신의 일터에서도 춤을 춰보자. 남들은 눈치 못 채게 살짝 시작해보자. 춤을 춘다고 생각하며 일을 해보자. 컴퓨터 자판을 두드리면서 들썩거릴 수 있다. 물건을 정리하면서 춤을 출 수 있다. 요리를 하면서 춤을 출 수 있다. 아이디어 회의를 하며 수많은 상상으로 뇌를 춤추게 할 수 있다. 의지만 있다면 우리 모두 얼마든지 춤을 출 수 있다.

한 번도 춤추지 않은 날은 잃어버린 날이다. 당신은 잃어버린 날이 얼마나 되는가? 아이들의 세계에서는 모든 것이 춤이다. 밥을 먹을 때도 맛있다며 쉬지 않고 몸을 들썩거린다. 그런 아이들은 늘 쾌활하고 즐겁다. 기분이 좋지 않아서 춤을 못 추는 것이 아니다. 춤을 추지 않아서 기분이 좋지 않은 것이다. 지금 당장 폴짝 발을 내딛어보자. 뛰면서 거울에 비친 자신의 표정을 보자. 분명히 웃고 있는 내 모습이 보일 것이다. 춤을 추면 웃게 된다. 웃으면 행복하다. 나의 춤은 다른 사람들에게도 웃음을 전해준다. 웃음을 불러오는 내 몸짓은 니체의 말에 따르면 진리다. 춤을 추는 내가 진리다.

춤을 추며 땀을 흘리는 내 모습이 가장 아름답다. 춤에서 모든 내 삶의 모습이 우러나오기 때문이다. 나는 줌바댄스를 만나고 극심한 우울증을 극복했다. 내면의 상처도 모두 불태웠다. 흐르는 음악에 내 몸을 맡기지 않았다면, 이 모든 것은 일어날 수 없는 일이었다.

사람들에겐 저마다 특화된 동작이 있다. 특히 신체 중에서도 유독 발달한 부위가 있기 마련이다. 나는 잘하는 부분을 끌어내주는 안목이 타고났다. 장점을 잘 찾아서 더 잘할 수 있도록 도와주는 것이다. 못하는 부분을 개선하는 것보다 훨씬 효율적이고 결과도 좋다. 잘하는 것을 더 잘하는 과정은 쉽고 즐겁다. 안 되는 일을 억지로 하게 되면 얼마나 큰

스트레스를 받는지 아는가? 과정 자체가 곤혹이다. 어느 순간부터 걱정과 근심이 나를 갉아먹고 있다는 기분이 들 것이다. 흐르는 음악에 몸을 맡기면서도 이내 마음 한편으로는 의구심이 들기도 한다.

'내가 동작을 잘하고 있는 걸까?'
'제대로 하고 있는 게 맞을까?'

그런 걱정과 고민을 해결해주기 위해 코치와 강사가 존재하는 것이다. 나는 안 되는 동작이 있으면 절대 그냥 넘어가지 않는다. 한 번 포인트 레슨으로 잡아주고 어느 정도 익히게끔 알려준 뒤 넘어간다. 대부분 줌바댄스 강사들은 처음부터 끝까지 50분간 쭉 음악을 틀고는 웬만하면 멈추지 않는다. 회원님들이 동작을 맞게 하든 틀리게 하든 상관없이 일단 수업에만 집중한다. 나도 처음에는 보편적인 룰이라고 생각하여 쉬지 않고 음악만 틀고 함께 춤을 추었다. 그런데 의문이 들었다.

'아무리 봐도 이 동작은 저 느낌이 아닌데. 동작이 산으로 가고 있잖아. 틀린 동작을 그대로 내버려두는 게 맞는 걸까? 틀린 걸 잡아주는 게 강사의 역할인데. 내가 지금 제대로 하고 있는 게 맞는 걸까?'

나조차도 의문이 드는데 회원님들은 오죽했을까! 나는 내 마음의 소리를 따르기로 했다. 동작이 너무 안 나오거나, 너무 틀린 동작을 하고 있을 때는 잠시 음악을 멈추고 안 되는 동작을 짚어주고 난 뒤 넘어갔다. 다음 시간에 같은 동작이 또 안 되면 될 때까지 알려드렸다.

"선생님이 한 번씩 잡아주시니까 동작이 숙지가 잘돼요. 제가 틀린 동작을 하고 있는지도 전혀 몰랐어요."

원 포인트 레슨이 끝나면 잘하는 동작을 칭찬해드린다. 저마다 유달리 안되는 동작, 잘되는 동작이 따로 있다.

아무 것도 하지 않으면, 아무 일도 일어나지 않는다

오프라 윈프리는 자신의 저서 『위즈덤』에서 다음과 같이 말했다.

"한 사람의 영혼이 다른 사람의 영혼을 가진 직관적 존재를 인식할 때 두 사람 사이에 '리듬'이 만들어진다고 한다. 매일, 매 순간, 우리의 에너지는 우리가 만나는 다른 에너지와 연결되는 방법을 찾고 있다. 우리가 하는 모든 일, 우리의 모든 관계는 영적인 연결수준에 따라 성공하기도 하고 실패하기도 한다. 나에게는 모든 관계에서 내가 상대방에게 주는 에너지에 대해 책임을 져야 하며, 또한 상대방이 나에게 주는 에너지에 대해서도 책임을 져야 한다."

우리 모두는 알게 모르게 각자에게 에너지를 전달하며 산다. 그것이 좋은 에너지라면 더할 나위 없이 좋지만, 종종 나의 에너지를 빼앗아 가기도 하는 사람들의 침울한 에너지가 있다.

줌바댄스는 좋은 기운을 만든다. 축 처져 있던 사람도 함께 춤을 추며 음악을 듣다 보면 금방 신이 나고, 옆에 있던 사람들과도 금세 친해진다. 언제 그랬냐는 둥 쭈뼛쭈뼛대던 내 모습은 온데간데없다. 우리는 서로의 에너지를 책임져주며 그렇게 계속 앞으로 나아가는 것이다. 힘든 세상 앞에 굴하지 않고 함께 에너지를 주고받으며 힘을 내고 그날 하루를 마무리하는 것이다.

대학을 졸업하고, 사회생활을 하고, 또는 엄마로 살아가는 모든 여성에게 전해주고 싶다.

"진짜 나 자신을 만나기 전과 만난 후의 인생은 분명히 다르다."

여자로서 '기쁨'을 느끼는 순간은 언제인가? 직장, 가정, 육아 돌보기. 수많은 역할과 책임 속에 우리는 너무도 쉽게 '나' 자신을 잃어버린다. 진짜 나를 찾는 시간은 내가 한 발짝 도전하는 순간부터 시작된다.

움직이지 않으면 아무것도 이뤄지지 않는다. 아무것도 하지 않으면, 아무 일도 일어나지 않는다.

가장 견고한 감옥은 우리 스스로 만드는 것이다. 어떤 일을 망치는 가장 큰 원인은 두려움이다. 이 두려움이 갖가지 변명거리를 만들어내며 우리를 뒷걸음치게 만든다. 그리고 이 두려움은 누가 우리에게 준 것이 아니라 스스로 만들어낸 것이다. 두려움 때문에 시작조차 하고 있지 않는가? 막상 시작해보면 별것 아니다. 인생의 갈림길에서 나의 황금기를 만날 수 있는 순간은 지금뿐이다.

나는 줌바댄스를 만나고 나로서 당당할 수 있었다. 모두가 나를 주목하는 기쁨에 벅차올라 밤마다 가슴으로 기뻐 울었다. 몸짓으로 나를 표현하는 그 순간부터 상상조차 할 수 없던 자신감이 생겨난다. 나를 사랑하고, 나를 위해 기꺼이 투자할 수 있는 진정한 힘은 바로 내가 몰입하는 취미에서 나온다. 여러분도 자신만의 춤을, 내가 몰입할 수 있는 운동과 취미를 반드시 찾을 수 있길 바란다. 우리에게 줌바댄스의 힘은 몸과 마음의 컨디션뿐만 아니라 우리들을 더욱 끈끈하게 하나로 융합되게 하는 것에 있다. 회원님들과 작은 일상을 함께 하는 것이 내 생애 가장 큰 기쁨이라는 것을 이제는 안다. 내 세상 속에서 그들은 나의 빛이 된다. 행복이 짙은 날, 어둠이 없는 밤에 같은 마음으로 한 자리에 모여 같은 꿈을 모락모락 피운다. 우리의 정해진 운명들이 맞닿은 것이다. 내가 더 좋은 사람이 되고 싶도록 만들어주는 사람들. 지금 모습 이대로만 서로의 밤을 비춰주길 기도한다. 오늘 밤도 우리는 흐르는 음악에 몸을 맡긴다.

03

세상에 빛이 되는 사람 되기

구름 뒤에는
항상 빛이 존재한다.

– 루이자 메이 알코트

무기력증을 극복하는 방법

무더위가 기승을 부리는 휴가철이 시작되자 회원님들이 평소보다 기운이 없어 보였다. 왜 그러냐고 묻자, 대부분의 회원님이 '무기력증'을 호소하는 것이었다. '무기력증'이란 대체 무엇일까? 사람에게 나타나는 무기력감, 회의감, 피로감, 의욕 저하 등의 일련의 증세를 말한다. 우울증의 초기 증상 또는 동반 증상으로 나타날 수도 있다. 무기력증을 겪는 사람들의 증상은 다음과 같이 7가지로 추려볼 수 있다.

첫째, 자발적으로 행동하지 않는다. 스스로 상황을 통제하지 못한다고 여기면 행동하지 않을 가능성도 커진다.

둘째, 부정적인 인지가 형성된다. 쉽게 말하자면 '나는 뭘 해도 안 돼.' 라고 스스로 생각해버리는 것이다.

셋째, 신체적인 병을 동반할 수 있다. 무기력증을 겪으면 면역력이 약해져서 질병에 걸릴 가능성이 높아진다.

넷째, 식욕이 지나치게 높아지거나 낮아질 수 있다. 이는 우울증에 걸린 사람에게서도 나타나는 증상 중의 하나이다.

다섯째, 피로감을 많이 느낀다.

여섯째, 다른 사람과의 교류가 줄어들며 고립되고자 한다.

일곱째, 마음이 조급하고 어떤 일에 과민반응을 보이기도 한다.

무기력증을 호소한 회원님들은 평소보다 의욕이 없어 보였고, 마치 도실장에 끌려나온 사람들처럼 축 저져 있었다.

'어떻게 하면 회원님들의 의욕을 증진시켜드릴 수 있을까?'

수업의 분위기를 바꾸는 것도 나의 몫이다. 고민하던 그 순간 뇌에서 좋은 아이디어가 떠올랐다. 〈한국책쓰기1인창업코칭협회〉에서 배웠던 방법이 떠오른 것이다. 김태광 도사님은 매일 '감사일기'를 쓰라고 알려주셨는데 그 소소한 행동의 효과가 꽤 있었다. 대부분의 사람은 타인의 삶과 내 삶을 비교하며, 내가 가진 것보다 가지지 못한 것을 보기 마련이다. 비교를 하는 순간부터 불행한 삶이 시작되는 것이다. 비교를 하게 되면서 감사가 아닌 결핍에 집중하기 때문에 스스로 고통스럽고 불행하다. 감사일기를 쓰면서 '내가 오늘 감사한 일이 뭐가 있더라?' 생각해볼 수 있다. 감사 항목을 쓰면서 내가 얼마나 행복한 사람이었는지 깨닫게 된다. 나는 분명히 우리 회원님들에게도 이 방법이 도움이 될 수 있을 것이라 확신했다. 레슨을 마치고 집으로 곧장 돌아와서 무기력증을 극복하는 방법에 대해 찾아보고, 회원님들을 위한 프린트물을 제작했다. 프린트물 한쪽 면에 '감사일기'란도 함께 넣었다.

다음 수업이 돌아왔을 때, 아니나 다를까 그 날도 회원님들은 축 처진 모습이었다. 나는 얼른 내가 뽑아 온 프린터 물을 나눠드리면서 다음과 같은 글을 낭송해드렸다.

"무기력증을 극복하는 방법은 역설적이게도 무엇인가를 '하는 것'이네요. 꼭 완벽하지 않아도 돼요. 그냥 무작정 시도해보면 됩니다. 운동이든, 산책이든, 카페든 평소에 가고 싶었던 곳에 가보세요. 사람들의 활력 있는 모습을 볼 수 있는 곳에 가세요. 하다 보면 좋아지는 것이 있고 분명 그 안에 가치를 발견할 수 있습니다. 감사함이 아닌 불만족을 하게 되면 삶이 지루해진다고 합니다. 몸이 건강하지 않으면, 머릿속에서 오만 잡념과 망상이 끊임없이 나를 괴롭힙니다. 운동을 하고 땀을 쏟으세요. 샤워할 때의 상쾌한 기분을 만끽하세요. '나는 이 세상에서 가장 소중한 사람이다.'라고 스스로에게 되뇌어보세요. 내가 나를 소중하게 여길 때, 다른 사람에게도 인정받을 수 있는 법입니다."

회원님들의 표정이 조금씩 밝아지는 모습이 보였다. 함께 감사일기를 작성하는 시간을 가지면서 한 명씩 발표하는 시간을 가졌다. 나 또한 마음이 따뜻해짐을 느꼈다. 회원님들의 감사일기 내용에는 일상의 소소한 사례들이 많았다. 오장육부가 건강한 것, 아버지와 어머니가 살아 계시는 것, 아이들이 건강하게 잘 자라주는 것, 내일도 일을 할 수 있음에 감사한 것, 운동을 하면서 건강해지는 것. 흥미로운 것은 의외로 특별할 것 없는 일상에 더 감사를 느끼는 사람들이 많았다는 것이다. 그중 내게 1:1 개인레슨을 받고 있는 김 회원님의 일기가 인상적이었다. '긍정적인 권미래 선생님을 만나게 해주셔서 감사합니다.' 도리어 내가 감사했다. 마치 특별한 사람이 된 것만 같았다. 사람들에게 빛을 주는 존재로 남고 싶어졌다. 내가 하는 일이 보람되게 느껴지면서 나 또한 행복해졌다.

다이아몬드의 가치와 인간의 가치

나는 이러한 이유로 감사일기를 매일 쓰고 있다. 지금 나를 둘러싼 주위 상황에서 부족함과 결핍만 눈에 보이거나, 삶이 불만족스럽다면 감사일기를 써보길 바란다. 마음이 금방 따뜻해짐을 느낄 수 있다. 내가 마시는 공기, 자연, 주위 사람들 등 일상의 작은 것도 아름다워 보일 것이다.

다이아몬드와 인간의 가치를 결정하는 기준으로 '4C'가 있다.

첫째는, 투명도 (Clarity)이다.
보석과 사람은 맑음의 정도에 따라 가치가 달라진다.

둘째는, 무게(Carat)이다.
가벼울수록 다이아몬드의 가치가 떨어지는 것처럼 생각과 행동이 가벼운 사람은 인정받지 못한다.

셋째는, 색깔(Color)이다.

가치 있는 보석일수록 신비한 빛을 발한다.

인간의 삶에도 나름대로의 빛과 향기가 있다.

넷째는, 모양과 결(Cut)이다.

보석은 깎이는 각도와 모양에 따라 가치가 달라진다.

가치 있는 사람은 주위를 향해 찬란한 빛을 발한다. 나도 그런 사람이 되고 싶었다. 그래서 '선생님'이라는 직업에 사명감을 느끼고 나를 통해 줌바댄스를 배우는 사람들에게 몸의 변화뿐만 아니라 전반적인 삶의 변화를 일으켜주고 싶다. 우리는 아직 다듬어지지 않은 원석이다. 다이아몬드로 가공되기까지 수많은 인고의 시간을 견뎌내야 한다. 때로는 뼈를 깎는 고통을 겪을 때도 있다. '고통 없이는 얻는 것이 없다(No Pains, No Gains).'라는 유명한 명언도 있지 않은가? 고통의 시간을 견딘 후에야 비로소 진짜 가치 있는 사람의 모습으로 성장할 수 있다. 다이아몬드로 존재하기 전 원석의 과정을 버텨냈기에 지금의 다이아몬드가 더 가치를 발하는 것이리라.

사람은 언제 어느 때에 무엇이 될지 아무도 모른다. 현재 그 사람의 모습이 한심해 보여도 사실 그는 우리에게 보이는 것과 달리 나름대로 살아갈 방법을 혼자서 찾고 있는 중이다. 그 사람의 존재 자체를 존중해보자. '그 사람도 사정이 있었겠지.' 하며 아무런 평가 없이 딱 그 정도의 생각이면 충분하다.

YG푸드 노희영 대표님의 말 중에 가장 인상 깊었던 구절이 생각난다.

"저의 성공비법은 내면에 있어요. 목표가 정해졌을 땐 오로지 그것만 생각하는 고도의 집중력이 첫 번째 성공비법이고, 두 번째 성공비법은 변덕과 싫증을 잘 내는 성향이에요. 저는 지루함과 반복적인 것을 잘 견디지 못하는 성격인데 그것은 저의 단점이 아니라 장점이에요. 저의 그러한 성격은 끊임없이 새로운 것을 도전할 수 있게 한 원동력이죠."

우리는 대개 성공의 주요인을 '인내'와 '끈기'라고 한다. 노 대표는 통념의 발상을 뒤집었다. 남이 만들어 놓은 잣대에 나를 맞추기보다 있는 그대로의 내 모습과 장점을 부각시킬 때 나만의 빛을 내뿜을 수 있다. 모든 사람이 "좋다!"라고 외치는 것 중에 분명히 나에게는 맞지 않는 일이 한두 가지씩은 있기 마련이다. 있는 그대로의 내 모습을 스스럼없이 보여주면서 진실된 마음으로 사람들과 소통할 때 나의 존재감도 더 빛난다.

'라벨효과(Label effect)'라는 말을 들어본 적 있는가? 내가 원하는 모습으로 나에게 라벨을 붙이면 실제로 그런 사람이 된다는 이론이다. '무한 긍정인'이 되고 싶다면 그 라벨을 나에게 붙이고 다니면 된다. 그러다 보면 어느새 긍정적인 사람의 모습만 하고 있는 내 모습을 발견하게 될 것이다. 타인도 마찬가지다. 내가 칭찬해주면 그 사람은 그런 가치가 있는 사람이 된다. 사람들에게 '소중한 사람' 또는 '특별한 사람'이 되고 싶다면 내가 먼저 그와 같은 라벨을 달아주고 그 사람을 소중하고, 특별하게 대해주는 것이다.

진정으로 세상에 빛이 되는 사람은 나보다 타인을 먼저 배려하는 사람이다. '사람'이란 귀중한 자산을 소중하게 여길 줄 아는 사람이다. 사소한 일에도 진심으로 기뻐하고 감사할 줄 아는 사람만이 세상을 밝은 빛으로 물들일 수 있는 장본인이라 믿어 의심치 않는다.

04

위대한 멘토 만나기

자신을 쇄신해줄 마음의 스승을
한 사람쯤은 기억하고 있어야 한다.

- 공자

세상에 혼자 이룬 성공은 없다

삶의 지혜에 대해 알려주는 전문가의 역할은 중요하다. 멘토는 다름 아
닌 '시간이 만들어낸 전문가'이다. 앎과 삶을 이어가는 과정에서 체화된
지혜를 통해 멘티의 시행착오를 줄일 수 있도록 힘을 실어주는 존재다.

누군가 나를 도왔고, 이 사회가 나를 필요로 했으니 이룬 성공이다. 언

제나 '감사'와 '겸손함'을 마음에 품고 사는 것이 가장 중요한 덕목이다. 내가 사랑하며 존경하는 멘토분들에게도 앞서 말한 감사의 미덕과 같은 공통점이 있었다. 하루하루 되풀이 되는 소박한 일상과 작은 변화에도 기뻐할 줄 아는 풍부한 감성을 가졌다는 점이다. 또한 남들이 존경할 만큼의 넓은 아량과 마음씨 후한 베풂을 가졌다. 마음에서부터 진정한 여유로움이 우러나온 '부자'인 그 분들은 실제로도 '부자'의 삶을 살고 있다.

내 삶의 훌륭한 '부자' 멘토 4인방을 여러분께만 특별히 소개한다.

나의 정신적 지주이자 보호자

멘토 1호는 초등학교 1학년 시절부터 나의 정신적 지주였고 교육을 담당해주셨던 나의 큰아버지시다. '권 날개'라는 닉네임으로 의성과 대구에서 더 유명하시다. 10년을 넘게 현대자동차에서 근무하셨다. 초등학교 1학년 무렵, 위인전집 30권 세트를 선물해주셨다. 숙제도 함께 내주셨는데, 책 1권을 다 읽을 때마다 독후감 1장을 제출하라는 말씀이었다. 처음에는 내심 '내가 책 안 읽을까 봐 독후감 쓰라고 하시나?' 의문을 품었지만 유관순과 윤봉길, 이순신 등 훌륭한 위인들의 전기를 읽는 일이 무척 재미있었다. 처음에는 독후감 쓰는 양식조차 몰랐지만 큰아버지와의 약속을 지키기 위해 내 스타일대로 써내려갔다.

그러다 보니 글을 읽고 쓰는 일이 너무 재미있어졌다. 혼자서 일기도 쓰다 보니 더 큰 욕심이 생겼다. 초등학교 3학년 때는 자발적으로 CA활동을 '문예창작'으로 지원해 밤낮으로 원고지에 글을 썼다. 주변 누구보다 글을 쓰는 일을 재미있어 했다. 그 무렵부터 글쓰기로 받은 상장이 50장은 족히 넘었다. 방학 때마다 '과제 왕', '다독의 왕'은 내 차지였다. 방학기간 중 동네를 누비며 음식물 쓰레기 실태를 조사하다가 적은 일기가 보건복지부 장관상을 받기도 했다.

내가 글을 좋아한다는 것을 알게 되고 잘 쓰게 된 건 큰아버지가 책 선물을 해주셨을 때부터였다. 큰아버지는 종종 편지를 쓸 일이 있을 때나, 자동차 홍보에 관련된 글을 써야 할 때 내게 글 쓰는 일을 위임해주셨다. 큰아버지 일을 도와드리고 용돈을 받기도 했다.

아버지와 어머니가 내 곁에 계시지 않아 할머니 댁에서 자랐던 어린 시절, 다른 부분들은 부족할지언정 큰아버지 덕에 교육적인 측면에서는 누구보다 풍요롭게 배우면서 자랐다. 큰아버지는 항상 말씀하셨다.

"사람은 늘 배워야 한다. 늙어서까지 배움을 놓고 살면 안 된다."

큰아버지는 쉬는 동안에도 항상 책을 손에 들고 계셨다. 그 모습을 보고 자라서인지 매일 책을 읽는 일은 내게 당연한 일상이 되어버렸다. 철학자 질 들뢰즈는 "나처럼 해봐!"라고 말하는 사람에게는 아무것도 배울 수 없으며, '나와 함께 해보자!'라는 사람만이 참된 스승이 될 수 있다고 했다. 큰아버지는 말하기 전에 늘 몸소 실천해 보여주셨다. 내게 물고기를 잡아주신 것이 아닌 물고기 잡는 법을 알려주신 큰아버지. 훗날 내가 책을 쓸 수 있게 된 발판을 마련해주셨다. 이 기술이 내 안에 잠들어 있던 거인을 깨워주었다. 큰아버지가 안 계셨더라면 나는 책을 모르고 살았을 것이며, 남들과 똑같은 삶. 재미없고 지루한 인생을 보냈을 것이다. 큰아버지는 정말 훌륭한 나의 멘토 1호이시다. 장남으로서 모든 가족을 지금까지도 부양하고 계시며 그러면서도 힘든 내색 한 번 하신 적이 없다. 늘 '당연히 해야 되는 것'이라고 말씀하실 뿐이었다. 이제는 내가 큰아버지의 짐을 조금 나눠서 들어드리고 싶다. 내 운명은 마치 정해진 각본처럼, 책을 읽다 보니 자연스럽게 책을 쓰고 있는 작가가 되어가고 있었다.

나를 일으켜준 최고의 운동 파트너

내가 몸과 마음을 다 놓아버렸던 시기에 다시금 나를 일으켜 세워준 최고의 운동 파트너, 노지영 선생님은 나의 운동 멘토이다. 선생님께서 나에게 줌바댄스 자격증을 권유해주신 덕분에 내 운동은 직업으로까지 이어졌다. 누구보다 내가 운동하는 것을 좋아하셨고, 내가 지속적으로 운동하며 밝은 모습을 잃지 않기를 바라는 분이었다.

처음에는 말을 듣지 않는 나로 인해 마음고생이 참 많으셨다. 지금은 내게 "수익률 1,000% 권미래"라는 별명을 지어주셨지만 초창기에 선생님을 만났을 때 정말 꼴통이었다. 선생님이 처음으로 등짝 스매싱을 날려본 제자도 내가 처음이었다고 한다. 무식하게 혼자 운동하다 다리를 다쳐 선생님께 혼나기 일쑤였다. 선생님이 하지 말라는 걸 하니 병원 신세를 면치 못했다. 그때마다 진심으로 나를 걱정하고 마음 아파해주셨다. 큰 감동을 받고 그 날 이후로 선생님 말을 잘 듣고 실천했다.

좋은 운동 멘토란 지식이 많거나 자격증으로 결정되는 것이 아니라는 것을 배웠다. '얼마나 한 사람의 삶에 변화를 일으킬 수 있는가? 어떻게 상대방의 나약한 의지를 바로 세워 운동에 대한 흥미와 재미를 갖게 해줄 수 있는가?' 이것에 달려 있다고 해도 과언이 아니다. 선생님은 운동뿐만 아니라 내 전반적인 삶에서 아낌없는 조언을 해주며 인생을 긍정적으로 바라볼 수 있도록 함께 고민해주시는 분이다.

"미래가 마음잡고 열심히 살아줘서 너무 뿌듯하고 고마워. 쌤은 항상 미래를 응원할거야. 수익률 1,000% 권미래 파이팅!"

내 인생 최고의 멘토! 노지영 선생님. 이 글을 읽으며 감동을 받고 계실 그분 생각에 마음이 따뜻해진다.

나락으로 떨어졌던 내게 손을 내밀어준 분

분당에 계속 있고 싶었던 내 절실함과 간절함이 하늘에도 닿은 걸까? 누군가 뒤에서 그림자처럼 나를 서포트해준다는 것은 정말 큰 행운이자 복이 아닐 수 없다. 그분은 본인을 '쉐도우'라고 칭해달라 하셨다. 서울에 온 7년차에 처음으로 크게 성공한 사람을 만났다. 그것도 35세의 젊은 청년 CEO라니. 그분과 친해지기까지 참 우여곡절 많았다.

처음에는 젊은 사람이 '맥라렌'이란 듣지도 보지도 못한 처음 보는 멋진 차를 타고 등장하니 '사기꾼 아냐?'라는 생각이 들 정도였으니 말이다. 지인들에게 얘기해봐도 그 사람에 대한 반응은 모두가 비슷했다. 어떻게 그 나이에 그 정도 성공할 수 있냐고, 집이 잘사는 거 아니냐고. 하지만 그의 성공 스토리를 들어보면 눈물이 난다.

그는 누가 뭐래도 자수성가 부자이다. 때로는 20억 빚에 시달리기도 하고, 사기를 크게 당해 사업이 무너지기도 했다. 한강에서 자살시도를 하고, 죽을까도 했지만 그는 포기하지 않고 자신의 삶을 이겨냈다. 돈이 한 푼 없었을 때 길거리에 버려진 피자를 주워 먹었다는 말에 눈물이 핑 돌 정도였다. 인간극장을 방불케 하는 그의 성공담은 많은 사람들의 희망이 되어주었다.

가평에서 물에 빠진 사람을 구하다가 본인 다리가 다치는 줄도 모르는 사람이었다. 내가 1년간 그의 사업장에서 일을 배울 때, 어떤 실수를 해도 너그러이 이해해주고 감싸줬다. 세상 모두 내게 멍청하다고 손가락질하며 내가 나락으로 떨어졌을 때까지 무시하고 짓밟았다. 허나 그분만큼은 내게 구원의 손길을 내밀어주었다. '죽은 개는 걷어차지 않는다'는 말이 현실에서는 들어맞지 않는 것인지, 악랄한 사람들은 죽은 개마저도 밟곤 했다. 렌트카 사기로 1억 2천만 원의 빚을 졌을 때도, 경찰 아버지와 그분의 지인까지 동원해 나를 도와줬다. 사람들이 한심하다며 내게 곱지 않은 시선을 보냈을 때에도, 그는 "나는 너를 이해해."라며 격려해주었다. 그분의 한마디가 힘이 되어 지금까지도 희망을 잃지 않고 잘 살아가고 있다. 이 시대의 영웅, 나의 우상. 그분의 은혜에 보답하고자 오늘도 희망이 가득한 글을 쓰고 있다.

내 의식을 성장케 해준 도사님

마지막 주인공은 나의 책 쓰기 멘토 〈한국책쓰기1인창업코칭협회〉의 김태광 대표님이다. 많은 작가님들에게 '김도사'로 불리는 그분은 내가 책을 쓰겠다고 마음먹기 시작하면서 알게 되었다. 책 쓰는 동안 내게 당근과 채찍을 적절히 주시며 인생의 소중한 깨달음을 알게 해주고 계신다. '작가는 글만 잘 쓰면 되는 거 아니야?'라고 막연하게만 생각했던 나에게 큰 사고의 전환을 맛보게 해준 분이었다. 모든 일에는 앞서 '의식성장'이 필요하다고 강조하는 그분의 훌륭한 철학은 좁디좁았던 내 시야를 넓혀주는 계기가 되었다. 감사하다는 말로는 너무 벅차서 눈물부터 흐른다. 왜냐하면 이곳에 와서 진정 사람 노릇을 하게 되었기 때문이다. 누구보다 이기적이고 나 하나밖에 모르던 내가 스스로 성장하는 모습을 보는 기쁨은 이루 말할 수 없다. 죽는 날까지 목숨을 걸고 책을 쓰며 그분 곁에서 인생의 지혜를 배워가고 싶은 바람이다.

김도사님과 권마담님 부부를 보며 처음으로 결혼에 대한 긍정적인 생각을 하게 되었다. 함께 좋아하는 일을 하며 주위 사람들에게 선한 영향력을 발휘하며 살아가는 멋진 모습. 그렇게 함께 세월을 보내는 인생이라면 더할 나위 없이 행복할 것만 같았다. 요즘 내가 가장 존경하며 선망

하고 있는 두 분의 화목한 표정들이 아련하게 떠오른다.

　잘되는 사람과 비참한 삶을 살아가는 사람의 차이는, 그들이 처한 환경에 있는 것이 아니라 그들의 마음가짐에 있다. 같은 상황에서도 여유로운 마음으로 '그럴 수 있지, 별것 아냐.'라며 긍정적인 해결책에 집중하는 사람이 있는 반면에 '짜증나! 왜 내게만 자꾸 이런 일이 생기지? 그 사람이 나를 이용했기 때문이야.' 상황 탓과 남 탓을 하는 사람이 존재한다. 내가 존경한 멘토들은 큰 시련 앞에서도 항상 현명한 선택을 해왔다. 감정을 다스리며 상황을 긍정적으로 해석했기 때문에 나중에는 그 상황이 좋은 결과로 이어졌다. 그들은 매 순간 넓은 마음가짐으로 삶을 살아왔던 것이다. 마음가짐은 삶을 채색하는 붓과 같다. 마음가짐을 좋은 방향으로 바꾼다면 우리가 원하는 색은 무엇이든 선택할 수 있다. 내 삶을 형형색색의 빛깔로 아름답게 채워나갈 수 있는 것이다.

　위대한 멘토들의 삶을 함께 나누고 그들에게서 좋은 마음가짐을 배워나갈 수 있는 '지금' 이 순간에 무한한 감사를 드린다.

내 인생에서 가장 잘한 일은 무엇인가?

꿈을 가져라. 오랫동안 꿈을 그리는 사람은
마침내 그 꿈을 닮아간다.

- 앙드레 말로

도전 없는 인생은 앙꼬 없는 찐빵

유독 내 삶만 엉망진창이라는 생각이 들 때가 있다. 하지만 곰곰이 생
각해보면 엉망진창으로 만든 것도 나고, 그걸 바꿀 수 있는 것도 나다.
내가 보는 시야를 바꾸면 세상 모든 것이 아름답게 보인다. 돌이켜보면
내가 잘한 일 뒤에는 단순히 '나'만 잘한 것이 아니라 나를 도와준 사람들
의 공이 더 컸다. 나의 운동 멘토, 노선생님이 내 귀에 딱지가 앉을 정도

로 누누이 강조하시는 말이 있다.

"미래야, 일이 잘 풀리지 않을 때 이것만 기억해. '잘되면 남의 덕, 안되면 내 탓.' 일이 잘 안 되면 누구 탓이지? 나한테 잘못이 있는 거란다. 절대로 남을 탓해서는 안 돼. 알았지?"

이유는 묻지 않았다. 그 말이 진리처럼 가슴에 와닿았기 때문이다. 선생님은 천사 같은 분이었다. 많은 사람들을 포용하고 감싸 안아주는 천사 같은 존재. 그래서 선생님 주위에는 사람들이 늘 많았다. 선생님이 움직이지 않아도 항상 선생님 곁에 사람들이 먼저 찾아왔다. 선생님을 만난 덕분에 매년 나가는 대회에도 수상을 거머쥘 수 있었다. 내 인생에서 잘한 일을 꼽자면 '도전'이 가장 크다. 그 도전으로 인해 선생님을 만나 줌바댄스를 하게 되었기 때문이다. 줌바댄스 선생님을 해보라고 제안해준 것도 다 내 춤을 인정해준 주위 사람들 덕분이었다. 운동을 배웠던 세월은 자그마치 7년이 넘고, 운동과 자기계발에 투자한 돈이 1억 가까이 되어간다. 내게 맞는 종목을 바꿔가며 시도했던 도전의 결과물들은 건강한 몸으로 보상받았다.

도전이 없는 인생은 앙꼬 없는 찐빵과도 같다. 마음속에 해보겠다는 확신이 들면 당장 저질러야 직성이 풀렸다. 그 일이 해결되지 않으면 내 내 마음속에 신경이 쓰여 잠을 설치기 일쑤였다. 아버지와 종종 상의한 적도 있었지만, 결론적으로는 다 내 마음 가는대로 했다. 아버지가 썩 내 키지 않아하시는 일들을 저지른 적이 많았다. 아버지는 내가 힘들어할까 봐 걱정하셨다.

"결정은 네가 하는 거고, 후회도 네가 하는 거다. 아버지 말이 100% 정 답도 아닐 뿐더러. 네가 해봐야 후회가 없지. 우리 딸은 어릴 때부터 그 랬어. 곧 죽어도 하고 싶은 건 당장 해야 직성이 풀렸지. 어릴 때 필요한 거 안 사준다고 길바닥에 대자로 누워서 시위하던 모습 생각만 하면. 어 이구! 지금은 훨씬 나아졌지. 아빠는 네 의견 존중한다."

최근 들어 유달리 아버지가 나를 존중하며 인정해준 것은 '책 쓰기'였 다. 내가 책을 쓰고 싶다고 말했더니 이렇게 말하셨다.

"그래, 우리 딸은 치라리 글을 쓰는 게 낫겠다. 네가 제일 좋아하고 잘 하는 거니까. 이제 다른 데 눈 돌리지 말고 글에만 올인해봐."

아버지도, 큰아버지도, 할머니도 모든 식구들이 책 이야기를 하니 적극 찬성하는 것이었다. 내가 가장 밑바닥에 있을 때 나의 모든 것을 감싸 안아주고, 책을 쓸 수 있도록 적극적으로 지원해준 고은인 씨에게 감사의 마음을 전한다. 지금도 내가 책 쓰는 것을 누구보다 기뻐하고 응원해준다. 주위의 성원에 힘입어 〈한국책쓰기1인창업코칭협회〉에 발을 내딛을 수 있었다.

〈한국책쓰기1인창업코칭협회〉에서 만난 김태광 대표님의 제자 중에 67기 박종혁 작가라는 분이 있었다. 그는 30억의 빚을 졌음에도 불구하고 아무 일 없던 사람보다 낙천적이며 희망찬 모습으로 살아가고 있는 모습이 인상적이었다. 그의 모습은 마치 방송인 이상민을 방불케 한다. 지금은 빚을 거의 다 갚고 6억 정도가 남은 상태라고 했다. 도사님의 메시지를 보았다.

"내가 고작 빚 1억 정도를 갚기 싫어서 파산 신청을 한 사람들을 여럿 봤거든. 박 작가가 30억의 빚을 갚는 걸 보고 대단한 사람이라고 생각했어. 내가 박 작가를 동생처럼 생각하고 잘되도록 도움을 줄까 해요. 열심히 합시다."

그 메시지를 보고 1억 2천만 원에 회생신청을 한 내 자신이 부끄럽게 느껴졌다. 조금만 더 일찍 도사님을 만났더라면 내 선택이 조금은 달라

지지 않았을까? 시야가 좁디좁았던 나의 과거 모습을 돌아보는 계기가 되었다. 박 작가님의 답장이 더 인상적이었다.

"도사님, 저도 처음에는 죽을 심정이었는데 시간이 지나다 보니까 더 강해지고 단단하게 변화되는 제 모습을 보고 있습니다. 저희 어머니도 남한테 피해를 주고 우리가 돈이 있게 살면 나중에 벌 받는다는 말에 집을 팔아서 제 빚을 갚아주셨어요. 끝까지 포기 안 하는 모습 보여드릴 것입니다."

나는 내가 세상에서 가장 불행한 사람인 것처럼 살아왔다. 세상을 저주하고 원망했으며, 아버지를 미워하며 살았다. 그런데 이곳에 와서 나보다 더 힘든 일을 겪는 분들을 만났다. 지난날 작은 일로도 일희일비하던 내 모습이 부끄러웠다. 박종혁 작가님을 비롯해 안명숙 작가님도 거액의 빚을 갚아나가는 중이었다. 그분들에 비하면 나는 새 발의 피도 안 되는 금액을 가지고 힘들어했던 것이었다. 그들은 아무 일 없던 사람보다 더 밝고 씩씩하게 삶을 살고 있었다. 책을 쓰기로 마음먹은 일도 물론 잘했지만, 그보다 이곳에서 만난 작가님들에게서 동기부여와 희망을 얻은 사실이 더더욱 뜻깊었다. 김태광 대표님 또한 말더듬이 시절과 가난하고 불우한 시절을 견뎌낸 후 책을 써서 작가로 크게 성공한 화제의 인물이시다. 누구보다 당당하고 훌륭한 분들과 나란히 한솥밥을 먹을 수 있는 기회가 주어짐에 감사드린다.

고통을 승화시키는 일은 누구에게든 결코 쉽지 않다. 세상살이가 좋은 일로만 가득하면 좋겠지만 이따금씩 무너지곤 한다. 쓰러지고, 쓰라림에 울부짖고 좌절하며, 그럼에도 이겨내려고 할 때 인간은 약하면서도 강하다. 삶에 지지 않는 것이 무엇인지 증명하는 멋진 사람들. 그들을 통해 인간의 숭고한 의지와 삶의 용기를 배워가고 있다.

당신은 어떤 사람으로 기억되고 싶은가?

기억되고 싶은 사람으로 오늘 하루를 살자. 언제나 꿈꾸는 사람으로, 열정적인 아름다움으로 나를 장식하자. 우리는 특별하게 살기 위해서 지구상에 태어났다. 나는 좋은 방향으로 이끌어주는 존재, 많은 사람들에게 동기부여를 심어주는 존재로 여러분의 마음을 감싸 안아주고 싶다. 확실한 미래가 보이지 않을 때는 많이 고통스럽기도 했다. 지금껏 했던 노력이 부질없다고 느껴질 때 눈물로 지새운 밤들이 많았다. 하지만 나는 청춘이라는 이름으로 희망을 찾기로 했다. 그렇게 마음먹은 순간부터 내 삶에 기적이 시작되었다.

우연히 성장하는 사람은 어디에도 없다. 많은 경험과 기회의 순간들이 모여 지금의 내가 있고, 또 다른 미래가 펼쳐지는 것이다. 절대 포기할 수 없었다. 내 삶에 어떤 일이 생길지 아무도 모르기 때문이다. 화려한 스펙이나 유명 대학교 졸업장도 없었지만 나는 1,000권 이상의 책을 읽고, 100회 이상의 자기계발 강의를 들으면서 나의 의식과 마인드를 바꾸었다. 그러자 인생이 완전히 바뀌었다. 나의 스토리를 책으로 펴낼 기회를 얻었으며, 많은 곳에서 나를 필요로 하고 있다. 나는 앞으로도 나의 스토리를 널리 알릴 것이다. 내가 포기하지 않는다면 세상은 우리에게 많은 기회를 선물해준다는 것을 믿어 의심치 않기 때문이다.

이전까지 나는 내 스스로를 온전히 아껴주고 사랑해주는 방법을 몰랐다. 그래서 늘 안 좋은 일에 휘말리고, 손해를 보면서까지 일을 벌였다. 사람들에게 피해의식을 가지게 되면서 대인기피증으로 인해 한동안 동굴에 들어간 적도 있었다. 그야말로 악순환의 굴레에서 벗어나질 못한 것이다. 그렇게 내 안에서 스스로의 감옥을 만들고 사람들에게 벽을 치는 일을 반복했다. 점점 고립되어가는 내 모습을 보며 더 이상 이대로는 안 되겠단 생각이 들었다. 허나 방법을 알지 못해 답답했다.

인생의 가장 쓴 맛을 보았던 직장생활에서도 나는 극적으로 다시 꿈을 찾으며, 과감하게 사표를 던지고 세상에 나를 내던졌다. 그때의 해방된 기분은 말로 표현할 수 없을 만큼 벅차고 감격스러운 것이었다. 나에게 진정한 자유를 선물하고 나서부터 나는 스스로를 사랑해줘야겠다고 마음먹었다.

06

바로 '지금'이 아니면 할 수 없는 것들

'할 수 없다'고 생각하는 동안은 '하기 싫다'고 다짐하고 있는 것이다.
그러므로 그것은 실행되지 않을 것이다.

– 스피노자

잃어버린 내 인생을 찾아서

"아~ 입 크게 벌리세요. 고개 아래로 숙이고. 좋아요. 잘하고 있어요."

드르륵. 위이잉. 엄청난 굉음이 머릿속까지 파고든다. 뇌에 지진이 나는 것만 같았다. 간호사 선생님의 손을 꼭 붙들었다. 진동이 강해짐에 따라 두 손에도 힘이 잔뜩 실린다. 엉덩이 근육도 함께 들썩거린다. 얇고

긴 기계는 나의 입 안에서 진동이란 배경음악을 깔고 요란하게 춤을 추고 있다. 꽤나 질긴 상대를 만난 모양이다.

"많이 힘드시죠? 조금만 참으세요. 거의 다 끝났어요. 잘하고 있어요."

의사 선생님과 간호사 선생님은 번갈아가며 내게 위로와 격려의 대사를 건넸다. 마취주사를 맞을 때만 해도 많이 아플까 봐 바짝 긴장하고 있었다. 확장된 동공은 이리저리 재빠르게 움직였고 심장은 평소보다 3배 속으로 빨리 뛰었다. 30년을 살면서 처음 빼보는 사랑니였다. 그것도 위아래로 2개씩 빼야 한다는 사실에 긴장이 안 될 리가 없었다. 치과는 언제와도 여전히 겁이 나고 무섭다. 이가 아프면 온몸이 아픈 그 고통이 너무 싫었다.

"잘하고 있어요."

이 한마디가 얼마나 위안이 되던지. 의사선생님의 한마디가 내 가슴 깊숙이 와닿았다. '아, 긴박한 상황에 저 한마디가 정말 큰 안심이 되는구나. 선생님께 너무 감사하다.' 몸에 긴장이 서서히 풀리는 것이 느껴졌다. 마음이 편안해지면서 몸도 차분해졌다. 기계의 소음과 움직임은 더 거세

어졌지만, 나는 점점 안정을 되찾아가고 있었다. 뿌드득. 뿌드득. 찌-익 찌-익. 슥! 슥! 타-탁!

"자, 고생 많으셨습니다! 생각보다 안 아팠죠? 많이 부을 수 있으니 각 오 단단히 하시고. 처음인데 너무 잘 견뎌내셨습니다. 오늘은 계속 이 악 물고 있으세요."

감사하다는 말을 전하고 싶었으나 입 안 가득 고인 핏물로 인해 입을 벌릴 수가 없었다. 핏기 제거를 위해 물에 담겨진 사골 뼈의 핏물보다 몇 배는 진한 농도였다. 진료실 거치대에 덩그러니 놓인 나의 사랑니 두 개 는 믿을 수 없을 정도로 큼지막했다. 며칠 내내 나를 괴롭히고 아프게 했 던 놈들이었다. 그렇게 아팠으면서 왜 고통을 견디고 있었을까? 생니를 빼야하는 고통이 더 클까 봐 내심 두려웠나 보다. 내가 마음을 먹은 직후 사랑니와의 고군분투는 순식간에 막을 내렸다.

'어차피 해야 될 거라면, 빨리 결단하고 실행하면 되는 것을. 왜 그렇게 긴 시간을 고민하고 망설였던 걸까? 막상 부딪쳐보니 아무 일도 아니잖 아.'

사랑니를 뽑는 것처럼 우리 인생에도 수많은 선택의 순간이 주어진다. 지금 당장 하지 않으면, 나중에 더 고통스럽다는 것을 알면서도 선뜻 용기를 내지 못한다. 겁이 나고 두렵기 때문이다. 안 한다고 해서 두려움이 씻은 듯이 사라졌는가? 대부분은 계속 머릿속에 떠오르며 고민되기 마련이다. 정말 해야 되는 순간에 타이밍을 놓치면 기회는 주어지지 않는다. 시간은 나를 기다려주지 않기 때문이다. 막상 시도해보면 내가 걱정했던 시간이 무색할 정도로 전혀 두렵지 않다. 우리의 건강도 마찬가지다. 지금 내가 당장 아무렇지 않다고 해서 향후에도 이상이 없을 거란 보장이 없다. 건강은 건강할 때 더 지켜야 한다는 말을 들어본 적 있는가? 나는 몇 달 동안 운동을 내려놓았던 적이 있다. 그 당시 내게 슬럼프가 찾아왔다. 사지가 멀쩡했고, 딱히 뚱뚱하지도 않았기에 더 운동의 중요성을 망각했던 것 같다. 남들처럼 먹고 싶을 때 먹고, 쉴 때 쉬고 싶었다. 몇 달 쉰다고 해서 내 몸이 급격히 변할 수 있을 것이라고는 생각하지 못했다.

내 예상과는 달리 몸은 정말 똑똑했다. 먹는 족족 살이 찌기 시작했고, 아침에 일어나면 얼굴이 탱탱 부어 있었다. 일상에 활력이 없고 무기력해지기 일쑤였다. 입는 옷마다 바지 밖으로 뱃살이 튀어나왔다. 허벅지는 꽉 껴서 옷이 당장이라도 터질 것만 같았다. 거울 속에 비친 내 모습을 보고 이맛살을 찌푸렸다. 자존감이 점점 하락하면서 사람들 만나는 것도 싫어졌다. 스스로를 점점 가두기 시작하면서 우울증이 찾아왔다. 좋아하던 책마저 손에 잡히지 않았다. 가만히 누워 벽의 허공을 쳐다보는 일이 늘어갔다.

그 당시의 내 모습을 설명하자면 '완벽하게 동굴로 들어갔다'는 표현이 적절할 것이다. 세상과 소통을 단절하고, '나'라는 창살 없는 감옥에 나를 계속 가두었다.

평소와 달리 장기적으로 연락이 안 되자 고모를 비롯한 나의 지인들이 집으로 찾아왔다. 내가 좋아하는 음식과 달콤한 디저트를 사다주었다. 먹고 있는 동안에도 기분이 나아지지 않았다. 지인 M언니는 내 기분을 달래주기 위해 기분전환이 되는 영화를 다운받아주었다. 그녀의 일상 얘기를 비롯한 재밌는 이야기도 해주었지만 나는 여전히 우울했다. 보다 못한 M언니가 내게 말했다.

"미래야, 언니도 우울할 때가 있었어. 자존감도 많이 떨어지고, 삶에 대한 의욕도 없었지. 여행이나 갈까했는데 모아놓은 돈도 없었고. 일자리 찾아보다가 우연히 '강남고용센터'라는 곳을 알게 되었어. 그 곳에 무료로 심리상담을 해주는 곳이 있더라. 언니 그 당시에 거기 다니면서 상담받으니까 기분도 나아졌어. 너도 거기 한번 가보는 게 어때? 전문가한테 상담받는 게 오히려 큰 도움이 될 거야."

어둠속에서 한 줄기 빛을 본 것만 같았다. 한쪽 구석에 내버려뒀던 휴대폰을 꺼냈다. '강남고용센터'를 검색해서 전화를 걸었다. 내일 와도 된다는 확답을 들었다. 언니가 함께 가주겠다는 말에 큰 힘이 생겼다. 잃어버린 내 인생을 되찾기 위해 다시 용기를 냈다.

설렘 반, 기대 반. 부푼 마음으로 오랜만에 바깥세상을 구경하러 나갔다. 따스한 공기도 내리쬐는 햇볕도 정말 오랜만이었다. 당연하고 익숙했던 풍경이 그날따라 새롭게 느껴졌다.

M언니와 나란히 걸으면서 도시의 웅장함을 만끽했다. 내가 좋아했던 활력과 생동감이었다. 큰 빌딩 안으로 들어섰다. 엘리베이터를 타고 약속한 장소에서 선생님을 기다렸다. 작은 사무실 안에서 최근 나의 증상과 기분, 어린 시절의 트라우마에 대해 말로 풀어냈다. 선생님은 내 얘기를 종합해 한참을 생각하시더니 한마디로 결론을 내렸다.

"미래 씨, 다시 운동 시작하세요. 운동 안하고 살이 찌니까 그런 내 모습에 우울해지고, 운동하면서 활력이 생기고 기분전환도 되는 건데. 그래야 몸도 마음도 건강하죠. 운동하는 동안에도 우울해지면 다시 저를 찾아오세요."

내게 맞는 운동으로 삶의 활력을 되찾다

나는 내게 큰 결핍과 문제가 있다고 생각했다. 어린 시절의 상처를 극복하지 못하고, 계속 이어오면서 스스로에게 상처를 준 것. 혼자 우울해질 때마다 나만의 공간으로 숨어버리는 것. 사람들과 갈등이 생길 때마다 극도로 스트레스를 받고 신경쇠약이 자주 찾아오곤 했던 것. 다른 사람들보다 유독 예민한 센서를 가지고 있다는 것만은 확실했다. 그것이 사회생활에 문제가 될 정도는 아니라고 하니 내심 안심은 되었다.

허나 지금까지 했던 웨이트 운동을 다시 해야 한다고 생각하니 막막했다. 지루하고 재미없는 운동을 굳이 다시 해야만 할까? 그러다 찾은 것이 줌바댄스였고, 나는 곧장 활력을 되찾았다. 내가 회복하면서 일상에 다시 복귀하는 모습을 보며 M언니도 함께 줌바댄스를 배웠다. 언니와 나는 시작한지 1개월 만에 허리둘레 2인치가 줄었고, 살도 점점 빠지기 시작했다.

그 모습을 본 M언니의 친구인 Y언니가 내게 오션월드 비키니대회 참가를 제안했다. 살이 빠지니 자신감도 한껏 부푼 나는 단박에 제안을 수락했다. 대회에서 댄스 퍼포먼스를 선보였다. 줌바댄스에서 배운 동작들을 한국 노래에 접목시켜 내가 직접 무대를 기획했고 함께 출전한 팀의 일원들을 직접 가르쳤다. 내가 수상하리라곤 예상도 못했다. 그저 모든 과정을 즐겼을 뿐이다. 나는 개인적인 워킹이나 포즈보다 팀끼리 함께하는 댄스 퍼포먼스에 더 많은 심혈을 기울였다. 무대에서 춤을 출 수 있다는 사실이 즐거웠기 때문이다. 처음 나간 대회에서 '모바일 투표 1위'와 '포토제닉상'을 받았다. 그날의 용기와 자신감으로 줌바댄스를 지속할 수 있었다.

내가 넘어졌을 때, 누군가 손 내밀어 일으켜줄 수는 있다. 허나 두 발로 굳게 일어서서 걸어가는 것은 스스로의 몫이다. 아무도 내 인생을 대신 살아줄 수 없다. 바로 '지금' 하지 않으면, 나중에는 더더욱 할 수 없는 변명만을 늘어놓게 된다. 나 또한 출구가 보이지 않을 것만 같던 동굴에서 탈출했다. 도전했다가 실패해도 괜찮다. 시도 자체가 이미 스스로에게 칭찬할 일인 것이다. 귀찮고 두렵다고 해서 미루다 보면 그것으로부터 계속 멀어진다. 지식 생태학자 유영만 교수의 말씀이 참으로 인상적이다.

"느낌이 왔을 때 저지르지 않으면 머리로 생각하면서 안 해도 되는 이유를 생각하기 시작한다."

이 말에 전적으로 동의한다. 생각이 지나치면 행동으로 이어지기까지 오래 걸린다. 그러다 아예 시도하지 않게 된다. 할 수 없는 이유를 만들기보다 해야만 하는 상황을 만들어보는 건 어떨까? 줌바댄스는 너무나 시작하기 쉽다. 다만 동작을 틀리면 안 될 것 같고, 사람들 앞에서 춤추는 것이 부끄러워 망설일 뿐이다. 나의 수업을 듣는 회원님들께 내가 입버릇처럼 하는 말이 있다.

"동작은 틀려도 괜찮아요. 제가 될 때까지 알려드리니까 저만 믿고 따라오시면 됩니다. 동작 틀리는 것이 걱정되면, 수업에 자주 참석하세요. 계속 반복하다 보면 익숙해져서 몸이 저절로 외우고 있어요. 아무도 내가 춤을 어떻게 추는지, 동작이 틀리는지에 대해서 관심 없습니다. 오로지 내가 잘 추는지 거울로 보거나 선생님 동작을 주시하거나 둘 중 하나죠. 그저 음악을 즐기기만 하면 됩니다. 음악을 듣다 보면 몸이 저절로 움직이고, 땀이 나면서 그때부터 본격적인 운동이 시작됩니다."

그래도 시작이 두려운가? 용기가 나질 않는가? 내가 여러분들을 도와줄 수 있다. rnjscl12@naver.com 은 나와 소통할 수 있는 이메일 주소이다. 자신의 사연을 내게 이메일로 보내주면, 내가 조언과 컨설팅을 해줄 수 있다. 바로 '지금' 시작하는 지혜로운 사람이 되길 바란다.

07

행복이 가득한 기적 같은 삶의 시작

편안하게 사는 사람은 일상의 모든 것에 감사가 많다.
싫은 것에도 감사한다. 물론, 잘된 일에도 충분히 감사한다.

– 사이토 히토리

『파리에서 도시락을 파는 여자』의 저자이자, 한국 최초 7,000억 자산가 여성 CEO인 그녀가 주최한 모닝콜 프로젝트에 참석한 지 54일차에 이 글을 쓰고 있다. 물론 54일 모두 완벽하게 아침 6시에 일어나지 못했다. 어떤 날은 무척이나 설레는 마음으로 아침에 일어났지만, 어떤 날은 전 날 늦게까지 유튜브와 책을 보느라 아침 늦게 허둥지둥 일어난 날도 있었다. 하지만 이 모닝콜 프로젝트에 참여하겠다고 마음먹은 순간부터 나의 아침은 달라지고 있었다. 매일 성공하진 못했지만, 이 작은 마음가짐이 완벽하지 않더라도 완수를 해보자고 동기부여를 해주는 것이었다. 켈리최 회장님의 유튜브에서 알려주는 아침 명언과 아침 확언을 시작한 뒤로, 지옥 같던 아침이 천국으로 변하기 시작했다. 아침잠이 많은 나는, 누구보다 아침에 일어나는 일이 힘들고 고통스럽다. 별다른 일이 없다면, 하루 24시간 온종일 자라고 해도 가능할 정도로 잠이 많았다. 그러나, 이 채널에서 알려주는 아침의 좋은 문구들이 내 호기심을 자극하게 만들었다. '내일은 또 어떤 내용을 알려주실까?', '성공자 분들은 아침에 매일 명상과 확언을 한다 이거지?' 처음에는 나도 반신반의했던 게 사실이었다. 대부분의 평범한 사람들도 한 번쯤은 나처럼 생각할 것이란 걸 안다. '이렇게 한다고 될 거 같았으면 누구나 다 성공하게?' 생각보다 이렇게 생각하는 사람들이 너무 많아서 때로는 성공이 쉽지 않을까 하는 의문도 들었다. 시작조차 해보지 않고 단정짓는 사람들이 부지기수였기 때문이다. 나는 내가 직접 체험한 후 내 두 눈으로 직접 확인하고자 했다. 밑져야 본전이다.

약간의 피곤함을 무릎 쓰고 일찍 일어나면, 그만큼 나만의 시간을 확보할 수 있을 거라는 단순한 믿음으로 시도했다. 인생은 왕복 티켓이 없다. 금 중에서 최고의 '금'은 바로 '지금'이라 하지 않았던가? 지금 시작하면, 지금 이 순간을 가장 최고의 순간으로 만들 수 있다는 생각에 뿌듯하고 설레었다. 물론 쉽지 않을 여정이란 걸 나도 조금은 알고 있었다.

되는 날과 안 되는 날의 기복이 많아서 100일 중에 3분의 1정도만 성공했던 것 같다. 이처럼 나의 오랜 습관을 바꾸기란 쉬운 일이 아니다. 그래도 나는 시도 자체를 했던 내 자신에게 박수를 보내주었다. 필사프로젝트는 거의 97% 이상의 성공 확률로 100일을 채웠다. 사실 2~3일 못했던 날은 4일차에 3일치를 다 몰아 쓰느라 숨이 차기도 했다. 그래도 나와의 약속을 지킨 날과 지키지 않은 날은 그날 기분의 온도차가 참 컸다. 나도 사람인지라, 스스로에게 실망하기도 하고 자책도 한다. 그래도 그 끝은 항상 응원과 격려이다. 너무 가혹하게 나를 밀어붙이면 번아웃이 오기도 한다. 나는 과거의 경험이 있기에 스스로에게 너무 가혹한 잣대를 들이밀지 않으려 노력중이다. 우리는 단거리 달리기가 아닌 마라톤 여정에 출전하는 선수들이다. 서로 응원하고 격려해주면서 정상을 향해 나아가야 한다.

우리의 궁극적인 목적은 지속적으로 성장하는 행복한 부자이다. 진정한 부자는 돈이 많으면서 남을 돕기로 결심한 사람이다. 사회적으로 공헌을 실천하면서 인격적으로도 완성된 사람이다. 돈의 액수가 행복을 결정한다고 생각하지 않는다. 행복은 내 마음속에 있는 것이다. 물론 돈이 적은 것 보다는 돈이 많은 것이 훨씬 살아가는 데 편리한 것은 맞다. 내가 행복하기로 결단한다면 나는 당장 행복해질 수 있다. 성장이 곧 행복이라는 켈리 최 회장님의 말씀처럼, 나도 그 말씀을 진심으로 믿는다. 돈만 많은 부자는 존경할 수 없다. 마음에서 진심으로 존경이 우러나오지 않는다. 우리의 목적 또한 단순히 돈만 있는 사람이어서는 안 되는 것이다. 돈도 많으면서, 사회에 공헌도 하고, 인격적으로 완성된 사람이면서 성장을 추구해야 하는 것이다. 지금 당장 행복하기로 결단할 수 있는 사람이라야 한다. 켈리 최 회장님의 강연 도중에 정말 가슴에 와닿는 명언이 있다. "성공이 행복의 열쇠가 아니라, 행복이 성공의 열쇠다." 나는 지난날 돈과 성공을 위해 아등바등 애쓰며 살아왔다. 나는 어떤 사람인지도 모르고, 어떤 사람이 되고 싶은지도 모른 채 경주마처럼 앞만 보고 달려왔다. 어느 순간 멈춰서보니 나는 행복을 잃어버렸다. 사람들과 소통하는 법도, 나를 진정 사랑하는 법도 모른 채 마냥 달리기만 했던 것이다. 혜민 스님의『멈추면 비로소 보이는 것들』의 책과는 다르게 나는 늘 역주행하고 있었던 것이다. 나는 내가 사랑하는 사람이 나를 사랑해주는 행복한 사람, 긍정적이고 미래지향적인 사람이 되기를 바랐다. 진취적이며 서로를 배려해주고, 잘 베푸는 사람들과 매일 성장하고 발전하는 그런 부자가 되길 바랐다. 나의 궁극적인 목적은 가정이 화목하면서도 가족 모두 행복한 부자, 40세에 순자산 100억, 시간적으로도 경제적으로도 관계적으로도 공간적으로도 자유로운 부자가 되는 것이 목표였다. 큰 목표는 좋은 것이지만, 나는 우선순위를 잘못 세우고 있었던 것이다.

켈리 최 회장님의 강연을 듣고 어안이 벙벙해진 것은 사실이다. 나는 오늘의 행복을 포기하며 뒤로 미루면 성공이 올 거라 생각했기 때문이다. 그래서 내일의 행복을 위해 싫어하는 일까지 억지로 하면서 나를 희생했다. 그것이 결국 나를 사랑하지 않는 행동으로 표출되었고, 급기야 내가 사랑하는 사람이 나를 외면하는 일까지 만들어냈다. 스스로를 사랑하지 못하는 사람은 남을 사랑할 수 없다. 나는 나를 사랑하는 법도 잃어버린 채 일에만 매달렸던 것이다. 그것도 내 꿈과 많이 어긋난 일을 말이다. 그것은 내가 바라던 행복한 성공이 아니었다. 켈리 최 회장님의 강연을 들으며 다시 나는 나의 자리로 되돌아왔다. 어떻게 해서든 내 자리를 지키자고 간절하게 마음먹었다. 똑같이 힘든 일이라면, 차라리 내가 좋아하는 일을 하며 힘든 것이 100번 1,000번은 낫겠다는 생각이 들었다. 켈리 최 회장님의 강연 덕분에 나는 내가 오늘 행복할 수 있는 일이 무엇인지에 대해 궁리했다. 그러면서 다시 3번째 책을 써야겠다는 마음이 생겼다. 블로그도 더 열심히 하게 되었고, 나와 결이 같은 사람들, 같은 방향을 추구하는 새로운 친구들도 사귈 수 있었다. 나는 전보다 더 열정적이고 행동이 민첩해졌다. 모두 성공한 분들의 강연을 수시로 들은 덕분이었다. 그 중에 단연 최고는 켈리 최 회장님이었다. 나의 롤 모델이자, 정말 선한 영향력을 전 세계에 전파하시는 분! 그 강연 덕분에 나는 지금 오늘의 행복에 충실하며 이 글을 쓸 수 있다.